Alexandra Reinwarth

Das Leben ist zu kurz für später

Alexandra Reinwarth

Das Leben ist zu kurz für später

Stell dir vor, du hast nur noch ein Jahr – ein Selbstversuch, der dein Leben verbessern wird

mvgverlag

Bibliografische Information der Deutschen Nationalbibliothek
Die Deutsche Nationalbibliothek verzeichnet diese Publikation in der Deutschen Nationalbibliografie. Detaillierte bibliografische Daten sind im Internet über http://dnb.d-nb.de abrufbar.

Für Fragen und Anregungen
info@mvg-verlag.de

Originalausgabe, 15. Auflage 2021

Türkenstraße 89
80799 München
Tel.: 089 651285-0
Fax: 089 652096

Umschlaggestaltung: Laura Osswald, München
Umschlagabbildung: Shutterstock/ksuklein
Satz: Satzwerk Huber, Germering
Druck: CPI books GmbH, Leck
Printed in Germany

ISBN Print 978-3-86882-916-7
ISBN E-Book (PDF) 978-3-96121-196-8
ISBN E-Book (EPUB, Mobi) 978-3-96121-197-5

INHALT

Für Daniela und Lotta und Saskia,
für L., für Eva, für Niko und Hannes, für Oli,
Petra, Koppi und Tasso, für Ramón und
Sabine und Lucie und Nadja

We all have two lives
The second one begins
When you realize
That you only have one

EINLEITUNG

Einen Tag nach meinem Todestag wache ich morgens auf und bin glücklich.

In der Küche höre ich L. und das Kind rumoren und Kaffeeduft liegt in der Luft. Es ist kein besonderer Tag, ein Freitag. Draußen ist es grau und es nieselt und ich höre das Kind maulen: »Ich WILL aber Nutella …!«

Normalerweise würde ich mir jetzt nochmal die Decke über den Kopf ziehen, leicht genervt von der Maulerei des Kindes und missgestimmt wegen des inakzeptablen Wetters.

Aber es ist nichts wie sonst, denn gestern war mein Todestag und heute bin ich glücklicherweise doch wieder aufgewacht. Ich habe noch einen Tag. Und dann noch einen und noch einen und so weiter eine ganze Zeit lang – zumindest, wenn alles gut läuft. Ich werde das Kind größer werden sehen. Ich werde wieder einen Frühling erleben, ich kann meine Lieben im Arm halten und wenn ich will, kann ich doch noch 100 Hunde adoptieren, einen Blumenladen eröffnen, nach Mexiko reisen und lernen, wie man diese leckeren kleinen Küchlein backt. Oder Gebärdensprache. Das kann ich alles, weil ich das große Glück habe, noch hier zu sein. Sie haben dieses Glück übrigens auch. Wie ich darauf komme, an so einem unspektakulären, verregneten Freitag derart unerhört glücklich im Bett zu liegen, das will ich Ihnen erzählen. Es hängt mit einem Gedanken-Experiment zusammen und hat vor ungefähr einem Jahr begonnen – und zwar so:

WIE ALLES KAM

Es gibt so Wochen, die sind echt für die Tonne. Das Kind trödelt jeden Morgen, in der Arbeit kommt man nicht hinterher, der Mann hat vergessen, die Strafzettel zu zahlen und jetzt kommt noch eine Strafe dazu, und dann geht auch noch der Drucker kaputt. Der zweite dieses Jahr. Ach so: Der Computer ist auch abgestürzt und die letzte Sicherungskopie ist natürlich aus dem Jahr 500 vor Christus.

Es gibt solche Wochen. Für mein Empfinden sogar deutlich zu viele.

»Endlich Freitag!«, sage ich nicht selten und schmeiße innerlich mit Konfetti, wenn endlich Wochenende ist. Die Woche ist geschafft, man kann sich gratulieren, Häkchen dahinter, und gern schütte ich mit gleichgesinnten Kolleginnen und Kollegen am Freitagnachmittag Prosecco in mich hinein. Wer auch immer diesen Brauch in deutschen

Büros eingeführt hat, sei gepriesen in Ewigkeit. Es ist dann, als beglückwünschten wir uns alle, die Woche überstanden zu haben. Wieder eine, nach der wir nun endlich zwei Tage lang machen können, was wir wollen (die jüngeren Kollegen), beziehungsweise erledigen, was die Woche über so liegen geblieben ist (die mit Familie). Am Montagmorgen treffen wir uns dann wieder, nachdem wir in der Früh vor lauter Gähnen unter der Dusche beinahe ertrunken wären, und sehnen den Feierabend, das nächste Wochenende, den nächsten Urlaub, oder ganz Verzweifelte, sogar die Rente herbei.

Der Alltag kann einen echt mürbe machen. Dann fehlt noch so ein schlauer Spruch wie: »Weißt du noch, wie wir groß sein wollten, um all die aufregenden Dinge zu tun? Wie steht es damit?« und schon ist man am Grübeln, wo die großen Träume und die leidenschaftlichen Ziele eigentlich hingekommen sind und wie man nur in diesen Strudel aus Alltag, Gewöhnlichkeit und totaler Mittelmäßigkeit gelangen konnte. Wo man doch früher mal allen Ernstes *Carpe diem* in sein Poesiealbum geschrieben hat. Es steht da sogar noch, aber nur so »im Prinzip«, denn dass man danach lebt, davon kann keine Rede sein. Man kann ja schon froh sein, wenn man dieses improvisierte Leben so einigermaßen hinbekommt, wenn man sich über die kleinen Dinge freuen kann, über einen Sonntag im Bett, ein Lächeln, ein gutes Essen und ein selbst gemaltes Bild vom

Kind. Aber zwischendurch läuft dann plötzlich im Radio *»Ich war noch niemals in New York, ich war noch niemals auf Hawaii, ging nie durch San Francisco in zerriss'nen Jeans …«* und während ich da so mitpfeife, fällt mir auf: ich auch nicht. Ich war höchstens mal auf Kreta, und das Alleraufregendste war, dass wir kein Hotel im Voraus gebucht hatten, sondern vor Ort erst eines suchen mussten. Der sogenannte Puls des Lebens ist zu so einem gleichbleibenden Rauschen geworden, das mich einlullt und ganz wunderbar dahin schlummern lässt.

An diesem mittelmäßigen, auf Sicherheit bedachten kleinen Leben bin ich natürlich selber schuld. Ich habe schließlich höchstpersönlich die Entscheidungen getroffen, die es ausmachen, und ein guter Teil davon war auch wirklich einsame Spitze. Der Mann zum Beispiel (also meistens zumindest) und das Kind. Da bin ich schon gut dabei, denn für viele ist schon die Entscheidung für den Partner eine, die sie nur deswegen nicht rückgängig machen, weil sie vor einem Leben ohne ihn zurückschrecken.

Was Entscheidungen die Arbeit betreffend angeht – na ja. Da war mein Ratgeber viel zu oft die Angst: lieber nichts riskieren, lieber keine Sicherheiten aufgeben, lieber keine Herausforderungen annehmen, an denen man scheitern könnte. Und auch sonst mache ich viel zu oft nicht das, was ich will, sondern das, was die meisten guten Gründe hinter sich versammelt. Manchmal ist es auch einfach schwer, überhaupt erst herauszufinden, was man eigentlich will.

Während ich das alles bei einem Milchkaffee im Café Einstein vor meiner Freundin Jana so ausbreite, und schwadroniere über das Leben und wie man das Nebensächliche hinter sich lassen müsste, um sich auf die wirklich wichtigen Dinge zu konzentrieren, wischt sie meine Sätze mit einer Handbewegung vom Tisch. »Du hast vielleicht Probleme«, sagt sie und schüttelt den Kopf. »Ich habe gestern Nadja getroffen«, daraufhin blickt sie auf den Boden und atmet tief durch. Nadja war einmal Janas Studienbetreuerin gewesen und ist ihr über die Jahre eine liebe Freundin geworden. »Ich habe doch erzählt, dass sie eine Stelle an ihrer Brust untersucht haben?« Und noch bevor Jana mich mit Tränen in den Augen ansieht, weiß ich, was jetzt kommt. »Nein«, schüttle ich den Kopf und nehme ihre Hände. »Doch«, schnieft Jana und wir sehen uns an. Nadjas Brustkrebs ist zurückgekehrt. Einmal hatte sie ihn schon überwunden, jetzt ist er, Jahre später, wieder da.

An dem Abend drücke ich den leicht verdutzten Mann und das sich wehrende Kind (»Heeey!«) besonders lang und eng an mich. Wir sind alle drei gesund und wir sind zusammen, das ist es, was wirklich wichtig ist – alles andere ist zweitrangig. »Was bin ich froh, euch zu haben«, flüstere ich in ihre Ohren, und drücke nochmal beide fest (»Heeeeeyyyyyy!«). »Ich liebe euch«, ich sage das viel zu selten.

Wir wissen natürlich, dass wir irgendwann in die Grube fahren, wir sind ja nicht bescheuert – aber im Alltag wird dieses Wissen im Hirn ganz hinten aufbewahrt, wo man es, wenn nötig, zwar findet, aber wo man eben auch nicht permanent drüber stolpert. Und dann benehmen wir uns weiterhin so, als wären wir unsterblich. Bis eine Freundin krank wird oder ein Kollege verunglückt und mit einem Mal wieder ganz klar ist: Wir sind nicht unsterblich.

Als ich L. an diesem Abend von Nadjas Diagnose erzähle, erinnern wir uns an einen gemeinsamen Abend bei Jana, an dem Nadja geklagt hatte, sie sähe vor lauter Arbeit ihre Kinder kaum – und dass sie daran auch gar nichts ändern könne, weil das Gehalt ihres Partners für die Hypothek nicht ausreicht. »Hätte sie nur mehr Zeit mit den Kindern verbracht«, rutscht es mir heraus, nicht weil ich schlaumeiern will, sondern weil es mir so leidtut.

»Und die Hypothek für das Haus?«, fragt L. »Scheiß auf das Haus«, finde ich. Auch die Weltreise fällt mir ein, die sie nicht angetreten hat, weil sie keinen unbezahlten Urlaub bekommen hat, und die sie schon plante, als sie noch studierte.

Und dass sie immer einen Hund haben wollte, dass sie davon geträumt hat, ein kleines Hotel irgendwo im Süden aufzumachen, und dass sie sich insgeheim gewünscht hat, ihr Freund und Vater ihrer Kinder würde sie fragen, ob sie ihn heiratet.

»Warum hat sie ihm das nie gesagt?«, fragt L. und sieht mich erstaunt an, und so genau kann ich ihm das auch nicht beantworten. »Vermutlich wollte sie eben gern gefragt werden, das ist etwas romantischer als es – vorzuschlagen«. Einen Moment lang herrscht eine komische Stille, in der L. mit Sicherheit überlegt, ob ich mir eventuell auch so etwas wünsche. Wir sehen beide etwas verlegen auf dem Tisch herum.

»Du wolltest auch mal ein kleines Hotel aufmachen, irgendwo im Süden, erinnerst du dich?«, lenkt L. glücklicherweise das Gespräch woanders hin und ich muss lächeln, denn, ja, das wollte ich tatsächlich mal. »Willst du das immer noch?«, fragt L.

»Ich kann mir nichts Schöneres vorstellen«, kommt es aus meinem Herzen. Falls sich jemand fragt, warum ich noch nicht längst auf einem Klappstuhl vor meinem eigenen Bed & Breakfast in der Sonne hocke und Campari Orange schlürfe: Ich habe einen Job, ich habe L. und das Kind und allein der Gedanke daran, was für ein derartiges Vorhaben nötig wäre, treibt mir die Schweißperlen auf die Stirn. Ich wische den Gedanken daran weg und frage L.: »Was würdest du denn machen, wenn du wüsstest, dass du nicht mehr lange Zeit hast?«, denn im Spießumdrehen bin ich ganz groß. »Ich wäre auf jeden Fall nicht sauer wegen ein paar Strafzetteln«, macht L. einen Versuch, sich herauszuwinden.

Dann wird es aber doch noch ernst, denn wie sich herausstellt, hilft der Gedanke daran, dass man das Zeitliche segnen wird – und das wird man ja nun mal definitiv – ungemein dabei, ein paar Dinge geradezurücken. Und wenn wir diesen Zeitpunkt nicht in weite Ferne schieben, ins unbestimmte Irgendwann, sondern ihn vor Augen haben, dann zeichnet sich sehr genau ab, was es tatsächlich wert ist, unsere Zeit und unsere Energie in Anspruch zu nehmen.

Kurz gesagt: Wenn ich weiß, dass ich nur noch ein paar Monate zu leben habe, würde ich dann die gleichen Entscheidungen treffen? Ärgere ich mich dann über die gleichen Dinge? Würde ich tun, was ich heute tue? Mit wem würde ich meine Zeit verbringen? Und wie? Was würde ich unbedingt noch machen wollen – und was als bedeutungslos am Weg stehen lassen? Wäre ich am Ende froh, dass meine Wohnung immer sauber war und ich alle Abgabetermine eingehalten habe? Warum stellt man sich diese Frage nicht viel öfter: Was ist wirklich wichtig?

Nicht zu fassen, wie schnell man das immer wieder aus den Augen verliert. Und wie man immer wieder von Woche zu Woche hetzt und am Ende doch so gern noch ein paar mehr davon hätte.

Wie absurd das ist, ist mir aufgefallen, als meine Mutter irgendwann im November sagte: »Wenn so ein Scheißwetter ist, bin ich froh, wenn der Tag schnell rum ist.« Jetzt muss man wissen, dass dort, wo sie wohnt, ganz schön oft Scheißwetter ist. Sie wohnt nämlich in Regensburg. Das ist zwar eine wirklich hübsche Stadt, liegt aber in einem Talkessel, zusammen mit viel Wasser in Form von ein paar Flüssen, und diese Mischung ergibt ab Herbst eine stabile

Nebeldecke, die sich bis Mai auch nicht mehr auflöst. Die Mama sitzt also wirklich oft auf ihrem Sofa und wartet, dass der Tag vorbeigeht – zumal sie aufgrund körperlicher Widrigkeiten in ihrem Tun eingeschränkt ist.

Das ist doch krass – besonders, wenn man bedenkt, wie viele Tage man im Allgemeinen so zur Verfügung hat.

Ich mal Ihnen mal was auf:

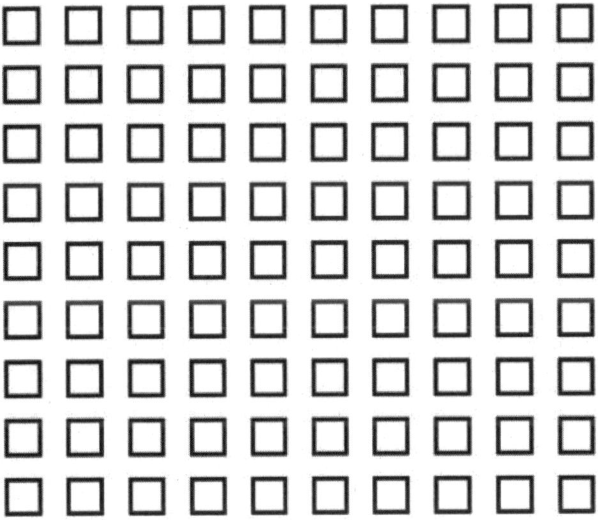
[1]

Das, falls Sie sich schon gefragt haben, sind alle Jahre, die ein 90-jähriger Mensch so zur Verfügung hat. Im Durchschnitt haben Männer 78 Jahre zur Verfügung, Frauen 84.

---

1 Für ganz Aufmerksame: Ja, ich habe diese Grafik schon einmal verwendet, in dem Buch *Ich bin nicht alt, nur schon sehr lange jung*. Großartiges Buch.

Wenn Sie da mal kurz alle Jahre ausstreichen, die Sie schon »geschafft« haben; also die noch leeren Kästchen – das ist, was Ihnen noch bleibt, dann sind Sie tot. Wenn man an den letzten Kästchen angekommen ist, und das kann weiß Gott früher sein als mit neunzig, was würde man dann bereuen, nicht gemacht zu haben?

Vermutlich deswegen hat Carlos Castaneda[2] einmal gesagt, der Tod ist der einzige weise Ratgeber, den wir haben. Runtergebrochen heißt das: Wenn wir nicht sicher sind, wie wir in einer Sache entscheiden sollen, hilft es, sich für einen Moment vorzustellen, dass man nur noch kurze Zeit zu leben hat. Das schärft den Blick ungemein.

Halten Sie doch einen Moment inne und lassen Sie das Buch kurz sinken und stellen Sie sich vor, Sie wüssten nun, dass Sie demnächst sterben. Wie würden Sie Ihr bisheriges Leben dann bewerten? Lassen Sie das ruhig kurz wirken, wir haben Zeit.

....

......

...

.

---

2 Carlos Castaneda wurde in den 70-ern und 80-ern mit spirituellen Büchern berühmt, in denen er von den Lehren eines angeblichen weisen Yaqui-Indianers berichtete.

Wären Sie glücklich mit Ihren Entscheidungen?

Und wenn Sie nach vorne sehen: Sind sie glücklich damit, wie Sie ihre Zeit verbringen? Und mit wem? Wen würden Sie anrufen und was würden Sie noch sagen wollen? Wären Sie noch sauer auf Ihre Kollegin (die blöde Gans), weil sie immer … oder wäre das unnütze Zeitverschwendung? Würden Sie zu diesem Ehemaligen-Treffen gehen, auf das Sie heute schon keine Lust haben, und wenn nicht: Was würden Sie stattdessen tun?

Oder andersherum gefragt: Wie würde sich unser Leben verändern, wenn wir unsere Entscheidungen mit dem Wissen fällen, morgen könnte der letzte Tag sein. Oder der letzte Monat, das letzte Jahr. Wenn wir aufhören würden, die Zeit zu vergeuden, in der Annahme, wir hätten ja noch so viel davon. Und warum sind die Antworten auf die Frage »Was ist noch wichtig?« nicht die gleichen Antworten, die einem einfallen, wenn man überlegt, um was man sich in seinem Leben so kümmert den lieben langen Tag? Obwohl wir sogar immer wieder die Erfahrung machen, dass wir besonders glücklich sind, wenn wir die richtigen Entscheidungen treffen und tun, was uns wirklich wichtig ist und nicht:

- wovor wir am wenigsten Angst haben,
- was am meisten Erfolg versprechend ist,

- was am leichtesten fällt,
- was die Familie erwartet,
- oder was irgendeine Religion, eine Partei, ein Chef oder sonst irgendjemand will, das man tut.

Wenn Sie brav das Buch haben sinken lassen und sich ein bisschen eingefühlt haben in den Gedanken, dass Ihr Leben eventuell bald vorbei ist, dann ist Ihnen bestimmt aufgefallen, dass sich die Bedeutung verschiedener Anlässe, Menschen und Tätigkeiten verschiebt. Und zwar in eine gesunde Richtung – wir sind plötzlich geneigt, so zu handeln, wie wir tatsächlich empfinden. Ohne Wenn und Aber, ohne Angst. Eben genau so, wie wir *eigentlich* handeln sollten. So, wie das Herz es will. Und das ist der Anfang. Der Anfang vom Ende, nämlich meinem.

Falls Sie schon mal ein Buch von mir gelesen haben sollten, schwant Ihnen vermutlich, was jetzt kommt: Wir probieren das jetzt mal. Also ich probiere und Sie dürfen zugucken. Vielleicht ist ja die eine oder andere Anregung für Sie dabei, wenn ich versuche:

DIESES JAHR SO ZU LEBEN,
ALS WÄRE ES DAS LETZTE,
DENN:

Das Leben ist zu kurz für später

Vorab eine Anmerkung:

In den folgenden Kapiteln wird es darum gehen, wie sich das Leben verändert. Es wird nicht um das Sterben gehen. In keinster Weise will ich mit diesem Gedankenxperiment jemanden vor den Kopf stoßen, niemanden, der einen geliebten Menschen verloren hat und niemanden, der vielleicht selbst schwer krank ist. Ich habe selbst liebe Menschen verloren und im Familien- und Freundeskreis Menschen mit unheilbaren Krankheiten. Auch in meinem Leben gibt es viele, die enge Angehörige verloren haben und deren Lieben völlig unerwartet verstorben sind. Durch einen Unfall, durch Krankheit, aber auch aus freien Stücken. Dieses Buch wird nicht *trotz* dieser Menschen und ihren Geschichten geschrieben, sondern *wegen* ihnen. Denn am meisten werden wir ihnen gerecht, wenn wir das Leben hoch halten und ehren, wenn wir es feiern und jeden Tag dankbar sind, dass wir es haben. Denn wir haben die Möglichkeit, unser Leben zu ändern, bevor es zu spät ist.

Gehen wir es an.

DIE DEADLINE

Die Idee steht. Ich werde so leben, als gäbe es eine konkrete Deadline. Einen Todestag. Und zwar einen ganz bestimmten, fassbaren, in naher Zukunft, nicht den reellen, den wir immer vergessen, weil er irgendwann ist und alles mit »irgend« vorne dran vergessen wir sowieso ständig.

Der 15. Februar zum Beispiel, der könnte es sein. Der ist so gut wie jeder andere Tag und das erste Datum, das mir einfällt. Am 15. Februar des kommenden Jahres ist es leider vorbei mit mir. Es bleibt mir nicht mal ein ganzes Jahr. Der erste Gedanke, der mir nach der Festlegung des Datums durch den Kopf schießt, ist:

›Die letzte Chance, einmal den Valentinstag zu zelebrieren, der ist ja einen Tag vorher.‹ Der zweite Gedanke ist: ›Was für ein bescheuerter, erster Gedanke.‹

L. und ich haben noch nie Valentinstag gefeiert. Kein Geschenk, keine Karte, noch nicht mal ein Essen, wir haben es einfach ignoriert. Es war uns zu albern, ein kitschiger, importierter Konsumfeiertag, was für US-Teenager, das Allerletzte. Wir laufen ja schließlich auch nicht an Halloween kostümiert um die Häuser, um von Nachbarn Süßigkeiten zu erpressen (was bei genauerem Nachdenken der deutlich reizvollere Feiertag wäre, wenn man sich schon einen aussucht).

Vor dem Hintergrund aber, dass der nächste mein letzter Valentinstag ist, ist meine ablehnende Haltung wie weggeblasen. Es ist noch fast ein Jahr hin, aber eins hab ich jetzt schon klar: Diesmal will ich Herz-Luftballons und Blumen, ein romantisches Essen bei Kerzenlicht und Geschenke und – alles. Ich will alles.

Ist das schon die erste Auswirkung der Deadline? Das kann ja heiter werden.

»Was würdet ihr tun, wenn ihr – sagen wir, noch ein Jahr zu leben hättet?«, frage ich an dem Abend Jana und Anne. Jana und Anne sind meine Freundinnen und wir sitzen im Café Einstein, so wie jede Woche. Meistens werden an diesen Abenden ein, zwei (sein wir ehrlich: vier, mindestens) Gläschen getrunken, man berichtet sich die Highlights sowie Tiefpunkte der Woche und es wird viel gelacht. Ein bisschen so wie die *heute -show*, nur zu dritt und mit Alkohol.

Wer also mit tiefsinnigen, rührenden und besinnlichen Antworten an dieser Stelle rechnet, der mag die nächsten Seiten überspringen.

»Also?«, frage ich. »Was wäre das?« Und aus dem Mund der lieben Anne kommt wie aus der Pistole geschossen:

»Ich würde nach Disneyland fahren!« Jana und ich müssen sie ziemlich lange angestarrt haben, denn irgendwann in dieser Stille fängt Anne an, sich zu rechtfertigen: »Was denn?«, ruderte sie herum. »Ich mag nun mal die Disney-Filme, immer schon.« Und dann starren wir sie noch ein bisschen weiter an.

Man muss wissen, Anne ist das esoterischste, spirituellste und auch sonst alternativste Huhn, das in meinem Freundes- und Bekanntenkreis zu finden ist. Schutzengel und Aura-Sprays, Schamanentänze und Kristalle zum Chakrapolieren: All das kann man bei Anne finden und mit ihr darüber diskutieren, wenn man das möchte. Wenn man das nicht möchte, kann man sie auch einfach mitsamt den Engeln, den Sprays und den Chakren nehmen, wie sie ist, sie ist nämlich auch noch wahnsinnig reizend.

Vielleicht kennen Sie auch so jemanden, jedenfalls ist »Disneyland« für Anne ungefähr so exotisch, wie wenn ich behaupten würde, ich möchte in diesem Leben unbedingt noch über die Pyrenäen wandern. Barfuß. Im Winter.

»Was ist denn dein Lieblingsfilm?«, grinst Jana und Anne errötet leicht. *Arielle, die Meerju…*, und weiter kommt sie nicht, denn Jana und ich prusten laut heraus.

Anne ist Gott sei Dank nur minimal sauer, was auch daran liegt, dass jede mit etwas aufwarten kann, was zur allgemeinen Erheiterung beiträgt: Jana würde – sofern sie ganz sicher den Löffel abgibt und auch explizit nur dann – den unverschämt gut aussehenden Mann ansprechen, der jeden Tag mit ihr in der U-Bahn fährt. Er hat eine rasierte Glatze, keinen Ehering, und sie vermutet, er heißt *Ahmet*, so hat er sich zumindest mal am Handy gemeldet. Er sieht sie nie an, er merkt nicht, wenn sie neben ihm sitzt, und Jana vergeht vor Schmachten. Fehlt er morgens in der U-Bahn, ist für Jana der Tag schon halb gelaufen.

Anne sieht sie ratlos an: »Aber du würdest ihn ansprechen, wenn du wüsstest, dass du den Löffel abgibst?« Jana nickt: »Dann hab ich ja nichts mehr zu verlieren.«

Jetzt ist natürlich die große Frage, was sie denn verlieren würde, wenn sie ihn ansprechen würde, solange sie besagten Löffel noch hat …

»Meinen Stolz, zum Beispiel!«, sagt Jana und fügt hinzu: »Stell dir nur mal vor, ich spreche ihn an und er will nichts von mir wissen!«

Dieser Stolz, stellt sich im Laufe des Abends heraus, löst sich sofort in Luft auf, sobald wir an die Deadline denken. Wenn ich demnächst sterbe, …

- … dann bin ich nicht zu stolz, Ahmet anzusprechen,
- … dann bin ich nicht zu stolz, Eifersucht zuzugeben,
- … dann bin ich nicht zu stolz, Unsicherheit und Verletztheit zu zeigen.

»… und es wäre mir scheißegal, wenn sich alle totlachen, weil ich im Meerjungfrauenkostüm durch Disneyland watschle.«, sagt Anne und leert ihr Glas entschlossen.

Wir fühlen alle drei sofort, dass so etwas wie Stolz total nebensächlich wird. Auch Peinlichkeiten, siehe Meerjungfrauenkostüm. Eigentlich alles, was damit zusammenhängt, was andere Leute von einem denken. Es ist unwichtig. Allein durch diesen kleinen Gedanken, *wenn* ….

Alles, was man aus Stolz nicht tut

Alles, was man aus Peinlichkeit nicht tut

ALLES, WAS MAN AUS STOLZ NICHT TUT

ALLES, WAS MAN AUS PEINLICHKEIT NICHT TUT

»Alles, was man aus Stolz nicht tut« hat ein international anerkanntes Symbolbild: nämlich einen nach vorne gebeugten Menschen, der abwechselnd eine Nachricht ins Handy tippt (das war das Herz) und sie dann wieder löscht (das war der Stolz).

Ein falscher Stolz am falschen Ort kann einem mal so richtig was vermasseln. Falscher Stolz hat Millionen von Telefonnummern auf dem Gewissen, die nicht ausgetauscht wurden, und ist Schuld an Unmengen von Freundschaften, die in die Brüche gegangen sind.

So wird Jana aus Angst vor verletztem Stolz nie den schönen U-Bahn-Ahmet ansprechen. Sie wird nicht herausfinden, ob er eine große Liebe ist, eine heiße Affäre oder einfach nur ein Typ mit schönen Augen. Und ich werde nie wissen, was aus der Beziehung mit diesem Mann geworden wäre, der tatsächlich gegangen ist, als ich ihn weggeschickt habe und dem ich nicht hinterhergegangen bin, obwohl alles in mir danach gerufen hatte, ihn aufzuhalten.

Falscher Stolz ist ein Scheiß, er hält uns nämlich davon ab, das Richtige zu tun.

Wenn ich daran denke, dass in knapp elf Monaten alles aus ist und ich das Zeitliche segne, wird dieser Stolz tatsächlich sofort lächerlich. Worauf kommt es denn schließlich an am Ende? Nur auf das Herz.

Am Tag darauf sind das Kind und ich bei seinem Kindergartenkumpel Leo und seiner Mutter eingeladen. Die Jungs spielen im Garten, Leos Mutter und ich zwitschern Eierlikör und es ist richtig idyllisch. Da hören wir plötzlich Gebrüll. Nach einer winzigen *vielleicht-ist-es-gleich-wieder-vorbei-Pause* gehen wir nachsehen: Die beiden Knallköpfe prügeln mit Plastikschaufeln aufeinander ein. Dazu Geschrei, hochrote Köpfe und ganz viel Drama. Leos Mutter und ich werfen uns einen Blick zu, verdrehen die Augen und versuchen, die Kampfküken zu trennen. Beide sind völlig außer sich und machen, immer noch tobend, ihrer jeweiligen Mutter klar, dass der andere gerade etwas ganz, ganz Schlimmes getan hat. Etwas so Unverzeihliches, dass man nie mehr befreundet sein kann.

Leos Mutter und ich teilen eine ähnlich pragmatische Vorgehensweise in Sachen Dramen und beruhigen A- und B-Hörnchen, ohne allzu groß auf die Sache einzugehen. Nach zehn Minuten, die Tränenspuren auf den Wangen sind noch zu sehen, spielen beide wieder, als wäre nichts gewesen. Sie lachen und haben Spaß und sind dahingehend zu beneiden – Kinder streiten sich und dann spielen sie trotzdem wieder miteinander. Vielleicht ist ihnen ihr Glück einfach wichtiger als ihr Stolz.

Auf dem Nachhauseweg muss ich an Sarah denken. Wir haben uns vor einem gefühlten Jahrhundert auch gestritten – gut, es waren keine Plastikschaufeln im Einsatz, aber durchaus Drama. Sie ist kurz darauf weggezogen und ich habe sie erst Jahre später zufällig wieder gesehen, wir waren freundlich zueinander und distanziert, ein bisschen zu vorsichtig, als dass man uns für Fremde halten könnte. Erst im Nachhinein ist mir aufgefallen, dass unsere ganze Zwistigkeit darauf gründete, dass sich jede von der anderen zurückgestoßen gefühlt hatte. Sie hatte Jahre vor mir ein Baby bekommen und war dadurch wie vom Erdboden verschluckt gewesen. Ich führte mein Leben weiter und gegenseitig warfen wir uns mangelndes Interesse vor. Ohne es auszusprechen, wohlgemerkt. Beide waren wir verletzt, dass sich die andere scheinbar abgewendet hatte und beide waren wir zu stolz zu sagen: Ich vermisse dich. Als sie schließlich mitsamt Kind und Mann die Stadt verließ, verloren wir uns endgültig aus den Augen. Ich denke immer noch manchmal an sie, wir hatten die lustigsten Nächte und anschließend die größten Kater, wir waren das großartigste Gespann seit Dick und Doof. Sarah ist groß, blond und blauäugig, ich bin klein und dunkelhaarig, eine wunderbare Mischung. Als uns im Urlaub am Strand ein Taschendieb beklauen wollte, drosch Sarah ihm von oben auf den Kopf und ich boxte ihm in den Bauch. Wir waren ein perfektes Team in jeder Beziehung.

Als ich Jahre später selbst ein Baby bekam und mir klar wurde, warum Sarah damals so plötzlich und so vollständig verschwand, verstand ich auch, wie sie sich gefühlt haben musste. Ich interessierte mich nämlich in dieser für sie so wichtigen Zeit nicht für ihr Baby (also nicht nur für ihres nicht, ich fand Babys generell gähnend langweilig), ich interessierte mich nicht für ihre Sorgen und ich war nur beleidigt, dass sie mich so schmählich vernachlässigte und sich von mir abwendete. Was war ich für ein Hohlkopf gewesen.

Und was hat mich all die Jahre davon abgehalten, ihr genau das zu sagen? Tatsache ist, es ist mir im Nachhinein peinlich, so eine beschissene Freundin gewesen zu sein. Es ist die pure Scham und es war leichter, so zu tun, als ob nichts passiert wäre, und einen fadenscheinigen Grund zu suchen, der mich ein wenig entlastete: *Sie* hätte ja schließlich auch etwas sagen können! Oh Mann.

Es wird Zeit, ein paar klärende Worte zu sprechen. Ich schicke Sarah eine Nachricht, ob wir mal reden wollen, mir läge da was auf dem Herzen. So hat sie genügend Zeit, sich darauf einzustellen, dass ich mit einer geballten Ladung Emotion im Anmarsch bin und wir verabreden uns auf ein Telefonat, ein paar Tage später.

»Was willst du ihr denn sagen?«, fragt L., als ich ihm am Abend davon erzähle. Aber so genau weiß ich das auch noch nicht. »Ich will mich dafür entschuldigen, wie blöd ich war,«, zucke ich mit den Achseln, »aber ich weiß auch noch nicht, wie.«

»Hmhm«, nickt L., »du könntest ja sagen ›Entschuldige, dass ich so blöd war‹?« Und das gefällt mir nun überhaupt nicht. Ich muss mich ja irgendwie erklären. Erklären, dass es mir schwerfiel zuzugeben, dass ich mich zurückgestoßen gefühlt habe und verletzt war, dass es lange gedauert hat, bis ich verstanden habe, dass ich sie auch verletzt habe und bis ich meine Schuld gesehen habe, noch länger, um sie mir einzugestehen und bis jetzt, um sie um Verzeihung zu bitten.

Warum fällt entschuldigen so schwer, wir entschuldigen uns doch permanent für jeden Mist?

- Wenn jemand zu leise spricht: *Entschuldigung, ich habe Sie nicht verstanden.*

- Wenn jemand Feuer für seine Zigarette will: *Entschuldigen Sie, ich rauche nicht!*

- Und sogar, wenn man von jemandem angerempelt wird: *Entschuldigung!*

Mir ist es schon passiert, dass ich auf der Straße aus Versehen auf eine Schnecke getreten bin und wissen Sie was? Ich habe mich prompt erschrocken nach vorn gebeugt: *Oh! Entschuldigung!*

Wir entschuldigen uns praktisch automatisch. Wenn eine Entschuldigung aber wirklich nötig wird, schlucken wir sie gern mal runter, aus Stolz.

Als ich mit Sarah am Telefon spreche, ist es dann Gott sei Dank ganz einfach, denn sie weiß sofort, was ich meine. Und dann bin es nicht nur ich, die ihrem Herzen freien Lauf lässt, sondern auch Sarah tut etwas, an dem uns unser Stolz oft hindert: Sie sagt nämlich nicht »Ja, ist schon okay, nicht der Rede wert«, oder irgendetwas Relativierendes, sondern sie gibt zu, dass ihr mein Verhalten damals wehgetan hat. Wir haben wieder eine echte Verbindung hergestellt.

Das ist ein Glück und ich bin froh und wir verabreden uns vorsichtig für das nächste Mal, wenn sie in die Stadt kommt, aber ich merke:

Sarahs Reaktion auf meine Entschuldigung ist gar nicht das, was mir ein gutes Gefühl gibt, als ich den Hörer auflege. Das gute Gefühl kommt ganz allein nur davon, dass ich die Entschuldigung ausgesprochen habe. Also, dass ich getan habe, was mir am Herzen lag. Ich habe es gesagt, ich habe getan, was ich konnte, alles Weitere liegt nicht mehr bei mir. Das ist so ein großartiges Gefühl, dass ich es gar nicht fassen kann. In meiner Begeisterung fange ich auch sofort an, meine Umgebung zu nerven und sage der verdutzten Postbotin an der Tür, wie großartig sie ihre Arbeit macht, meiner Lektorin, wie froh ich bin, dass ich sie habe, und L. sage ich am Abend, dass er der tollste Mann ist, den ich kenne.

»Hast du was getrunken?«, fragt der auch prompt. Der Vergleich ist gar nicht so abwegig, ich bin tatsächlich ein bisschen wie berauscht. Jana, die am nächsten Tag auf einen Kaffee vorbeikommt, diagnostiziert bei mir einen Knall: »Du sagst die Wahrheit – na und? Das ist doch nichts Besonderes!« Damit hat sie zwar Recht, aber es zeigt mir, wie oft ich eben anscheinend nicht die Wahrheit sage. Vielleicht ist das nächste »Level«, dass man Dinge sagt, die von Herzen kommen und die man eigentlich *nicht* sagen will. »Weißt du, was ich meine?«, frage ich Jana.

»Den Ahmet-Typen spreche ich nicht an und basta!«, wehrt sie ab, aber das meine ich gar nicht. Denn als sie da so vor mir sitzt, fällt mir sofort ein, welche Wahrheit ich Jana nicht gesagt habe …

Eigentlich ist es an sich schon komisch, dass Jana irgendetwas nicht weiß, denn Jana erzähle ich immer alles. Sie kennt meine Ängste und meine Wünsche, sie ist über jede Beziehung im Bilde, die ich jemals hatte, und sie weiß, was ich meine, wenn ich etwas ganz anderes sage. Niemand kennt mich so gut wie Jana und niemand kennt Jana so gut wie ich. Wir haben zusammen mehr gelacht als mit irgendjemand anderem auf der Welt, wir haben uns gestritten, wir haben voneinander gelernt und aneinander gelitten und wir haben einige schwere Zeiten im Leben der anderen gemeinsam erlebt. Und wenn es hart auf hart kam, konnte sich die eine immer auf die andere stützen.

Janas Fußspur verlief immer neben meiner und wenn ich auf die schwersten Zeiten in unseren Leben zurücksehe und nur eine einzelne Fußspur sehe, dann deswegen, weil die eine die andere ein Stück getragen hat.

Es ist also wirklich eigenartig, dass es etwas gibt, das sie zwar betrifft, das ich aber nie angesprochen habe. Sogar jetzt ist es mir ein bisschen unangenehm, es zu erzählen:

Also. Als ich Jana kennenlernte und danach noch viele Jahre lang, war Jana allein auf der Welt. Also mit einem stabilen und liebevollen Freundeskreis, aber von ihrer Familie war niemand mehr übrig. Eltern und Großeltern gab es nicht mehr, irgendwelche Tanten und Cousins waren weit verstreut und ihr einziger Bruder lebte abwechselnd in den Metropolen dieser Welt, von wo er zu Weihnachten mal anrief und an ihrem Geburtstag auch, zumindest irgendwann um das Datum herum. »Meine Freunde sind meine Familie«, sagte Jana, und ich adoptierte sie und damit war alles gut. Dann passierten einige Dinge:

- Der Bruder heiratete.
- Der Bruder bekam zwei Kinder (also seine Frau).
- Der Bruder mit Frau und Kindern kehrte den Metropolen dieser Welt den Rücken und zog in unsere Stadt.

Und plötzlich hatte Jana Familie. Und in dieser Konstellation taten sie diese ganzen Familiendinge: Weihnachten feiern und Osterbrunchen, sonntägliche Ausflüge und sich umeinander kümmern. Jana betreute hin und wieder die Kinder und der Familienrat wurde zu einer wichtigen Institution in Sachen Entscheidungsfindung und Lebensplanung aller Mitglieder.

Vermutlich wissen Sie, worauf das jetzt hinausläuft: Ich freute mich für Jana, ich gönnte es ihr, ich war mit ihr froh und glücklich und vor allem war ich: stin-ke-eifersüchtig. Eifersucht! Ein peinliches Gefühl, oder? Wenn man in einer Liebesbeziehung eifersüchtig ist, also so ein kleines bisschen, ohne die Wohnungseinrichtung zu zertrümmern oder Ähnliches, dann kann man das dem Liebsten ja noch eingestehen, es ist ja auch ein kleines Kompliment, irgendwie. Aber in einer Freundschaft? Da kommt man sich doch vor wie eine missgünstige, arme Wurst und es entspricht auch überhaupt nicht dem, wie ich sein *will*. Jana das einzugestehen, heißt auch, ihr (und mir) einzugestehen, dass ich das eben auch bin. Ein Teil von mir ist eine arme, missgünstige Wurst. Nun. Es gibt schönere Dinge, die man von sich preisgibt.

»Ich bin eine arme, missgünstige Wurst«, fange ich mein Geständnis dann auch an, und eventuell habe ich damit das Pferd von hinten aufgezäumt, denn Jana sieht überrascht aus: »Bitte, was?«

Ich hole also aus und fange die ganze Geschichte an, aber Jana winkt ab der Hälfte ab: »Weiß ich doch,

Hase …«, und da stellt sich heraus, dass Jana meine Gefühlsregungen ganz genau mitbekommen hat. Und dass sie versucht, alle Beteiligten irgendwie durch diese Gefühlsmatsche zu lavieren, ohne dass jemand verletzt ist und in der Hoffnung, alles möge sich mit der Zeit »zurechtruckeln« und zu einer großen Familie zusammenwachsen. Es ist schön, die Wahrheit auszusprechen. Jana wiederum fühlt sich ermutigt und erzählt ihrerseits, wie wahnsinnig eifersüchtig sie auf Sarah war damals – und auch auf andere Freundschaften, die mir nahe kamen, so nahe, dass Jana befürchtete, sie würde an Stellenwert verlieren. Und dann lächeln wir uns an und es ist ein Moment so ehrlicher Verbindung, dass man das Herz schlagen spürt. Wenn ich in weniger als einem Jahr tatsächlich sterben sollte, dann ist das die einzige Art von Verbindung, die ich will. Alles andere ist unnütz und Zeitverschwendung.

Dieser Vorsatz fällt mir wieder ein, als sich am Abend Dirk zum Essen ankündigt. Ganz richtig gelesen: Er kündigt sich an. Das unterscheidet Dirk von anderen Leuten, die zu uns zum Essen kommen. Die anderen werden eingeladen, Dirk kündigt sich grundsätzlich selber an.

Außerdem nennt er noch ein markantes Unterscheidungsmerkmal sein eigen und auch das gereicht ihm nicht zum Vorteil. Sagen wir es so. Es gibt Menschen, wenn die jemanden kennenlernen und der erzählt von irgendeinem Unbill in seinem Leben, dann denken die automatisch:

Wie könnte ich dir helfen? Womit könnte ich dir in deiner Situation nützlich sein? Und dann gibt es Menschen wie Dirk. Dirk gehört zu denen, die sich die gleiche Frage stellen, nur anders herum, also: Was könnte es mir nützen, dass es dich gibt? Wobei könnte mir deine Existenz helfen?

Wenn Sie zum Beispiel erzählen, dass Sie gerade Ihren Job verloren haben und Ihr Chef Sie völlig ungerechterweise aus der Anwaltskanzlei geschmissen hat, für die Sie seit zehn Jahren arbeiten, dann wird Dirk so etwas sagen wie: »Ach, wie blöd. Wie ist das eigentlich, ich habe da so einen Streit mit meinem Vermieter …« Und dann wird er Ihnen lang und breit die Situation erklären, damit Sie ihm kompetent Auskunft geben können.

Sie können ihm auch erzählen, dass Sie gerade erfahren haben, dass man Ihnen Arme und Beine amputieren muss, wegen eines Viruses, den Sie sich im südindonesischen Dschungel eingefangen haben. Und Dirk wird sich erkundigen, wie viel Sie für den Flug gezahlt haben, er will nämlich auch mal nach Indonesien, da soll es ja sehr hübsch sein – ob man das bestätigen könne? Kennen Sie solche Leute? Ich kenne Gott sei Dank nur Dirk, der so ist, und ich hab ihn mir auch nicht selbst ausgesucht, L. hat ihn mir untergejubelt. Man bekommt ja mit so einem Mann nicht nur seine komplette Familie gratis dazu, sondern auch die ganzen Freunde, die er so mit sich herumschleppt. Das sind mitunter echte Perlen, die man da kennenlernt, die man lieb gewinnt und nicht mehr missen möchte – und eben Dirk.

Während Dirk an unserem Küchentisch sitzt und ich am Herd in dem Topf Chili rühre, tut er es wieder.

L.: »Hast du schon von Nadjas Diagnose gehört?«, und in dem Moment schicke ich ein ganz kurzes Stoßgebet nach oben, dass Dirk es nicht verkackt. Was er natürlich prompt trotzdem macht:

»Ja«, nickt Dirk, »weißt du, in welchem Krankenhaus die war? Ich muss ja vielleicht diese Knie-OP machen!«

Ich weiß nicht, ob es daran liegt, dass mir Nadja am Herzen liegt oder ob das eine Auswirkung meiner Deadline ist, aber ich starre ihn nicht wie sonst wortlos an, um dann so zu tun, als wäre nichts, sondern verwandle meine Wut direkt. Sie kommt aus dem Bauch, ich würge sie hoch und speie sie vor Dirk auf den Tisch: »Was bist du eigentlich für ein gefühlskalter Arsch?«

Darauf folgt diese Stille, die immer folgt, wenn man jemanden das erste Mal »Arsch« nennt. Bei L. ist es nicht das erste Mal, dass er das Wort aus meinem Mund hört, der findet daher auch als Erster seine Fassung wieder – und geht noch einen Wein holen. Zur Tankstelle.

Macht das unter euch aus, scheint das zu heißen, und dann fällt die Tür ins Schloss. Dirk und ich sehen uns an. Eine leise Mundharmonikamelodie würde jetzt gut in den Hintergrund passen, finde ich und schüttle in dem Moment, als ich es denke, über mich selbst den Kopf.

»Was?«, ist das erste, das Dirk sagt. Normalerweise würde ich jetzt dazu tendieren einzuknicken und was von Missverständnis zu nuscheln, aber heute nicht. Es reicht nämlich.

»Was für ein gefühlskalter Arsch du eigentlich bist, hab ich gefragt.«

Dirk sieht mich nur mit großen Augen an. So, als würde er gar nicht kapieren, was ich von ihm will. Dann fängt er an zu stottern, er hätte das nicht so gemeint und Oh Gott, das muss furchtbar klingen und wirklich wie ein Arsch – und dann stellt sich heraus, dass Dirk mit schlimmen Nachrichten überhaupt nicht umgehen kann. Er versucht sofort, davon abzulenken, es ist eine Art Übersprungshandlung, er weiß sich schlicht nicht anders zu helfen. Das ist bescheuert und man kann Dirk vorwerfen, dass er das vielleicht mal erwähnen sollte, aber ein gefühlskalter Arsch ist er nicht.

Was mich noch mehr überrascht als die Tatsache, dass Dirk nun doch kein gefühlskalter Arsch ist, ist das berauschende Gefühl, genau das gesagt zu haben, was ich ihm schon so lange sagen wollte. Selbst, wenn sich nicht herausgestellt hätte, dass Dirk nur wahnsinnig unsicher (und ziemlich ungeschickt) ist, sondern wenn er genau der Depp gewesen wäre, für den ich ihn gehalten habe, darum geht es nicht (höchstens für Dirk). Die Wahrheit zu sagen, die eigene, auch, wenn das vielleicht zuerst unangenehm ist, so fühlt sich Freiheit an.

So sollte es sein. Wenn ich jetzt nicht mehr lange zu leben habe, dann will ich in der Zeit, die bleibt, ehrlich sein. Mit mir, mit anderen, denn das ist der Weg zu diesen Momenten echter Verbindung. Alles andere ist Kacka, wie das Kind sagen würde.

Notiz an mich selbst:
Was ich nie gesagt habe, sagen.

An diesen Vorsatz muss ich denken, als ich einige Tage später zu fortgeschrittener Stunde am »Stammtisch« sitze. Der »Stammtisch« hat deswegen Gänsefüßchen, weil er eigentlich gar keiner werden sollte. Zu Beginn saßen L. und ich donnerstags nur immer um die gleiche Zeit in einem kleinen Bistro, das die beste Bouillabaisse und das beste Boeuf bourguignon der Welt zaubert, weil es sich direkt neben dem Programmkino befindet, in das L. immer geht. Ich ging anfangs mit, um mit L. ins Kino zu gehen, obwohl ich französische alternative Filme nicht ausstehen kann – doch da war noch dieses Boeuf bourguignon und das schlug alles.

Jedenfalls gesellte sich nach einer Weile ein Freund von L. dazu, der auch französische Filme mag, dann noch einer, der die französische Küche liebt und dann noch einer, der von seiner Frau verlassen worden war und dem Film und Küche egal waren, Hauptsache, er musste nicht alleine zu Hause sitzen. Am Ende waren wir zehn.

Diese Entwicklung ist inzwischen Jahre her, die zehn gibt es immer noch. Und wie das oft in so kleinen Biotopen ist, hat sich mit der Zeit ein unausgesprochenes Regelwerk an Tabus etabliert: Es wird nicht über die Frau gesprochen, die den einen verlassen hat, es wird generell die Thematik »Verlassen und Verlassen werden« ausgeklammert. Außerdem wird nicht über Politik gesprochen, seit sich eines abends zwei der zehn so richtig in die Haare bekommen haben. Sobald irgendjemand etwas sagt, das auch nur halbwegs ins Politische überlappt, sehen alle verlegen auf ihre Zehenspitzen oder überprüfen den Inhalt ihres Glases. Wir reden nicht über Massentierhaltung und Tierschutz, weil einer der zehn einen Geflügelmastbetrieb von seinen Eltern übernommen hat, und kritteln nicht mehr an der Kirche und an Religiösem herum, seit sich herausgestellt hat, dass ein anderer ein gläubiger Christ ist, mit Beichten und Gottesdienst und allem, was dazu gehört. Sagen wir es so: Er ist nicht immer total spannend, der Donnerstagabend …

Ich war schon länger nicht mehr dabei gewesen, aber an diesem Abend rief das Boeuf bourguignon und ich folgte seinem Ruf. Es war großartig, genau wie immer, aber irgendwann war ich fertig mit Essen, saß zwischen dem Verlassenen und L. und langweilte mich zu Tode. So ungefähr stelle ich mir Treffen zum Angeln vor. Wenn ich nicht mehr lange zu leben habe, ist ein Abend wie dieser ein verlorener. Damit verschwende ich meine Zeit nicht mehr, das hatte ich mir doch noch vor ein paar Tagen geschworen. Und ohne vernünftigerweise nochmal drüber nachzudenken, drehte ich mich zu dem Verlassenen:

»Hast du denn, seit dich deine Frau verlassen hat, mal wieder jemanden kennengelernt?«, frage ich ihn und L., der die Frage gehört hat, verteilt den Schluck Bier, den er gerade trinken wollte, in einem Sprühregen über dem Tisch. Dann Stille. Vor meinem geistigen Auge fange ich an, mich selbst zu geißeln. Was ist mir nur eingefallen, den armen Mann so zu behelligen? Da sitzt er nun und lässt die Schultern hängen – ich blöde Gans. Und noch während ich über mich selbst den Kopf schüttle, wie dämlich man sich anstellen kann, und bevor einer der anderen das Wort ergreift, um den Kollegen aus der peinsamen Situation zu befreien, holt der Verlassene tief Luft: »Nein, hab ich nicht. Irgendwie klappt das nicht. Ich glaube, ich bin einfach zu alt und zu hässlich – zumindest für jemanden ohne Geld oder Macht oder so was.«

Ich werde immer kleiner auf meinem Platz. Das tut mir so leid, wie konnte ich so unsensibel sein – und dann auch noch vor allen anderen. Ich drücke seine Hand und er sieht mich traurig an. L., auf seiner anderen Seite, klopft ihm jovial auf die Schulter – und dann passiert plötzlich etwas sehr Schönes: Alle fangen zögerlich an, ihm zu erklären, dass er weder alt noch hässlich ist und was sie an ihm gut finden und warum er eine ganz hervorragende Partie abgibt. Es regnet schöne, warme Worte auf den armen Tropf, der zögerlich, aber immerhin erkennbar lächelt. »Nein, nein«, wehrt er zunächst ab, aber die anderen insistieren, bis er aufhört, sich zu wehren und die freundlichen Worte dankbar annimmt. Einige fangen an zu erzählen, wie sie selbst verlassen worden sind, wie sie sich damals fühlten, was ihnen aus ihrem tiefen Tal heraus geholfen hat und bei einem rollen Tränen, denn seine Frau hat das Kind mitgenommen und er kann es kaum mehr sehen. Es wird mehr getrunken an diesem Abend, mehr geweint, aber auch mehr gelacht und mehr erzählt als sonst. Und dieses Gefühl, das sie jetzt alle hier haben, und das man nur bekommt, wenn man sein Herz zeigt, gibt ihnen Energie und bringt ihre Augen zum Leuchten.

Es wird niemanden wundern, dass sich die Unterhaltungen an den folgenden Donnerstagen zunächst langsam, aber doch deutlich von den bisherigen unterschieden. Wenn man erst mal erfährt, wie gut es tut, den ehrlichen Gefühlen freien Lauf zu lassen, will man nichts anderes mehr. Der Gottesmann hat über seine Glaubenskrise gesprochen und statt aus Respekt oder ähnlich verquastem Grund zu schweigen, wurde er direkt gefragt, ob er den Zirkus wirklich ernst nehmen könne – und wie er zu dem steht, was seine Kirche so veranstaltet und vertritt. Der Mann mit dem Geflügelhof musste sich harte Worte anhören, wurde aber auch endlich seine eigenen Zweifel los und konnte von seinem Leid berichten, auf etwas finanziell angewiesen zu sein, das ihn selbst kaum schlafen lässt vor schlechtem Gewissen. Kurz: Es geht rund. Ich staune nicht schlecht, es ist wirklich etwas ins Rollen gekommen. Die Gespräche sind vor allem nicht immer gesittet und konstruktiv und erwachsen und kontrolliert – ab und zu geht jemandem die Hutschnur hoch und es wird sich gezofft – und wieder vertragen. Aber das ist das Schöne: Es ist wahrhaft und echt. Niemand muss seine Kritik vorher in ein scheinheiliges Lob verpacken, so wie man das mal gelernt hat: »Finde ich ganz gut, aber …«, oder ähnlichen Mist. Statt vorsichtig umeinander herum zu lavieren, immer besorgt, nur ja niemandem zu nahe zu kommen, nehmen wir Kontakt auf. Manchmal durch einen Schlag vor den Bug, aber so ist das Leben nun mal. Vielleicht müssten die Leute weniger Hasskommentare im Netz vom Stapel lassen, wenn sie im Alltag ihre Gefühle etwas mehr laufen ließen. Auch den Zorn und auch die Wut.

Nach dem Aha-Erlebnis vom Stammtisch fällt mir wieder ein, dass ich mich schon immer total gern mit Fremden im Zug unterhalten habe. Der Umstand, dass man die nicht wiedersehen musste, gab einem die Freiheit, sich alle möglichen Geschichten und Biografien auszudenken! Man konnte kurz mal ausprobieren, wie es wäre, jemand anderes zu sein. Irgendwann war es dann die Entdeckung des Jahrhunderts, dass ich ja genau so gut die Wahrheit sagen konnte – also auch intime und sehr persönliche Dinge – eben weil ich diese Leute nie wiedersehen würde. Ich konnte einfach ehrlich sein, ohne Hemmungen, das fühlte sich sehr gut an und man kam in kurzer Zeit jemand Fremdem sehr nah. Momente der Nähe, die erst durch ihre Flüchtigkeit möglich waren. Wie Schuppen aus den Haaren fällt mir die Erkenntnis, dass ich meine Wahrheiten auch denen sagen kann, die ich immer wieder sehe, und um wie viel einfacher und schöner unser aller Leben wäre, wenn wir ohne Angst alle zueinander so offen und ehrlich wären, wie zu Fremden im Zug.

Notiz an mich selbst:
Dinge sagen, vor denen man Angst hat, sie könnten eine Konfrontation auslösen – und die dann aushalten.

In der Arbeit habe ich zwar wahnsinnig viel zu tun, aber ich kann mich einfach nicht gut konzentrieren – wenn man sich das Ende des eigenen Lebens vorstellt, ist eine Werbeagentur einer der Orte, die an Absurdität fast nicht zu überbieten sind. Mein erster Anruf am Morgen kommt von einem 5-Sterne-Hotel:

Unser extra eingeflogener, argentinischer Werbefilm-Regisseur hat das zweite Mal innerhalb von 24 Stunden seine Hotelsuite unter Wasser gesetzt (was ist mit dem los? Kennen die das Prinzip Badewannenstöpsel nicht da unten?), die Kundin fordert per Mail glutenfreie, vegane Bio-Verkostung am Set und zwei Texter diskutieren nebenan, ob *Die Überwindung des Du* ein geeigneter Slogan für ein neues Haarpflegeprodukt ist. Ist es, beschließen sie.

Die Überwindung des Du. Das ist doch ohne Worte.

Ich mache die Verbindungstür zwischen unseren Büros zu, damit ich mir den Mist nicht mehr anhören muss, aber konzentrieren kann ich mich deswegen immer noch nicht. Damit es trotzdem so aussieht, als würde ich arbeiten, entwerfe ich etwas. Allerdings nichts, was mit der Überwindung des Du zu tun hat, sondern meine Todesanzeige. Stürbe ich wirklich, gäbe es eine. Was stände da wohl drin Buff. Machen Sie das mal, da schießen Ihnen die Tränchen aus den Augen, bevor Sie den ersten Namen geschrieben haben, aber auf jeden Fall, sobald man den Namen seines Kindes schreibt.

Es geht mir tatsächlich nahe, dieses Stück Papier, denn es zeigt, wer am Ende übrig bleibt. Die eigene Familie, die Eltern, enge Angehörige und ein paar Freunde. Das war's. Zwei Zahlen, Geburts- und Todestag, und das beschreibt ein ganzes Leben, das dazwischen liegt. Ich stecke das Pa-

Das kostbarste Vermächtnis eines Menschen ist die Spur,
die seine Liebe in unseren Herzen zurückgelassen hat.

Alexandra Reinwarth

(*16.02.1973 – † 15.02.2018)

Plötzlich und unerwartet wurde vorgestern unsere
geliebte Frau, Mama, Tochter, Schwester und Freundin
aus dem Leben gerissen.

In Liebe nehmen wir Abschied

Dein Mann L. und dein Kind,
deine Mama und Papa,
deine Stiefmutter, deine Halbgeschwister M. und E.,
dein Onkel P. mit S. und deine Tante C.,
deine Schwiegereltern H. und G.,
die Familie W. und die Familie Z.
und deine Freunde Jana und Anne,
O., P. und S., K. und A.

Die Trauerfeier findet statt am Freitag, den 19.02.2018,
um 14 Uhr in der Aussegnungshalle der Pfarrkirche.
Die Beisetzung erfolgt im Anschluss im engsten Familienkreis.

pier in die Manteltasche, um es bei mir zu tragen und mich immer wieder daran zu erinnern.

Am Abend sieht L. meine selbst gebastelte Todesanzeige, die ich aus der Manteltasche geholt habe und die nun auf unserer Kommode im Gang liegt.

»Himmel«, entfährt es ihm. »Alex! Was soll das denn?«

Zugegeben, ich hätte ihm vielleicht vorher von meiner Idee erzählen sollen.

»Du willst so leben, als hättest du nur noch ein Jahr zu Jahr leben?«, zieht L. die Augenbrauen hoch.

»Wir sollten *alle* so leben, als hätten wir nur noch ein Jahr zu leben«, finde ich und dann bekommen wir uns ein bisschen in die Haare. L. befürchtet nämlich, dass ich alle Versicherungen kündige, den Hund ins Tierheim bringe und mich aufmache, um im Angesicht des nahenden Todes endlich doch noch Sex mit einer ganzen Baseballmannschaft auf einmal zu haben. Wo er das mit dem Baseball her hat, weiß ich nicht, aber ich konnte ihn dahingehend beruhigen. Ich konnte ihn auch beruhigen, was die Versicherungen und das Tierheim angeht. Dass L. aber das Thema Sex aufs Tapet bringt, finde ich interessant …

»Gibt es da vielleicht etwas, das du noch ausprobieren wollen würdest, so rein sexuell gesehen, bevor du einmal stirbst? Etwas, das du mir noch nie gesagt hast?« L. sieht mir einen Moment in die Augen, dann dreht er sich um und macht noch einen Wein auf …

Ist das zu fassen? Dass man so viele Tage und Nächte mit jemandem verbringt, so viele Jahre lang, und dass man den anderen in- und auswendig kennt – oder das zumindest meint – und dass derjenige dann doch noch mit Geheimnissen um die Ecke kommt? Ich habe L. schon schluchzend im Arm gehalten, ich kenne seine Dämonen und alle seine unrühmlichen Eigenschaften, ich habe bei einer Operation neben ihm gestanden und seine ORGANE gesehen – aber dann ist es ihm peinlich, sich die Blöße zu geben und eine Fantasie auszusprechen. Wir Menschen sind echt bekloppt. Das Interessante ist, *warum* er sich nicht traute, es auszusprechen (auch wenn einige Damen es interessanter finden, um welche Fantasie es sich dabei genau handelte, ich weiß). Und letztendlich ist die Antwort auf das Warum doch nur wieder die Angst vor Verletzung: Ich könnte ja lachen oder ihn abweisen oder für komisch halten oder was weiß ich. Es ist ihm peinlich! Stellen Sie sich nur vor, wir bleiben wie geplant bis zum Ende unseres Lebens zusammen und L. hätte nie rausgerückt mit der Sprache! Da wären uns ein paar wirklich spektakuläre Momente durch die Lappen gegangen, denn ich habe L. weder ausgelacht noch abgewiesen, sondern wir haben direkt nach seinem Geständnis eine der großartigsten Nächte des Jahrhunderts miteinander verbracht und L. hat alle seine Fantasien erfüllt bekommen, bis auf diejenigen, die aus Mangel an Darstellern nicht möglich waren.

»Ich finde auch, wir sollten alle leben, als ob wir nur noch ein Jahr zu leben hätten«, grinst mich L. am nächsten Morgen an und ich gebe ihm einen Kuss.

»Was meinst du«, frage ich L. später am Frühstückstisch, »was ist nötig, damit Jana diesen Typen aus der U-Bahn anspricht?« L. zuckt mit den Schultern. »Keine Ahnung«, und in dem Moment, als er so mit den Schultern zuckt, muss ich daran denken, wie L. einmal aus Liebe alles in die Waagschale geworfen hat. Als wir uns damals kennenlernten, war in meiner Vorstellung der Gipfel der Romantik eine Filmszene aus *Wild At Heart*, nämlich als Nicolas Cage auf der Kühlerhaube des Autos seiner Angebeteten steht und ihr *Love Me Tender* vorsingt, um sie davon abzuhalten, ihn zu verlassen. Im selben Maß wie ich die Szene romantisch fand, war L. davon völlig unbeeindruckt: »Auerhähne singen auch, wenn sie es ernst meinen«, war sein pragmatischer Kommentar.

Also nachdem L. und ich eine Zeit lang ausgegangen waren und auch verliebt waren und all das, sagte ich ihm, dass ich noch nicht bereit war für dieses ganze Beziehungsding und Zusammenziehen und Kinderplanung und all das. Und dass L., der in dieser Hinsicht vorankommen wollte, und ich vielleicht gerade im Moment toll zusammenpassen, aber vielleicht eben nur in diesem Moment im Leben – und sich unsere Wege dann in verschiedene Richtungen bewegen. Seiner in die Ehe und Familie und ins

Reihenhaus und meiner ins Stereo 2000 und die weite Welt. Das klang so vernünftig, dass wir uns die Hand gaben und auseinandergingen. Mit verkrampften Herzen, aber fest entschlossen. Kurz bevor ich meine (miserabel bezahlte) Stelle im Ausland (Barcelona! Scheiß auf die Bezahlung!) antreten konnte, rief er mich an und als ich am Flughafen mit einem riesigen Koffer in Richtung Sicherheitskontrolle ging, stand er da, mit einem Strauß Rosen in der Hand. Ich war bestimmt noch 20 Meter von ihm entfernt, da sank er schon auf die Knie und fing an:

Love me tender,

Love me sweet,

Never let me go.

You have made my life complete,

And I love you so.

Dann kamen zwei Polizisten und schleiften ihn davon. Und während sie ihn davonschleiften, sah er mich an und zuckte genau so mit den Schultern. Als würde er sagen: *Hier bin ich, nimm mich oder nicht, ich habe alles versucht.* Da war es natürlich vorbei mit mir. Die Polizei hat ihn relativ schnell wieder laufenlassen, auch wenn er wirklich schlimm gesungen hat, und wir sind uns in der jeweiligen Lebensplanung etwas entgegengekommen. Es ging ja dann noch ganz gut aus, aber was mir daran auffällt: Vielleicht hat es diese letzte mögliche Gelegenheit gebraucht. Es drohte zwar nicht der Tod, aber meine Abreise – aus seiner Sicht gab es nichts mehr zu verlieren (außer Stolz), danach wäre ich weg gewesen.

Als ich Jana das nächste Mal sehe und sie mir wieder aufzählt, an welchen Tagen der Ahmet-Typ da war und was er anhatte, was an ihm so gut aussieht (Augen, Hände, Grübchen) und welche Musik aus seinem Kopfhörer kam, versuche ich es wieder: Ich male ihr aus, wie wir einmal in hohem Alter zusammen in unseren Liegestühlen im Garten liegen, mit unseren künstlichen Hüften, den herausnehmbaren Zähnen und einem Cocktail in der Hand und frage sie: »Wenn wir dann da liegen – und falls du dich an ihn erinnern kannst – würdest du es bereuen, ihn nicht angesprochen zu haben? Oder würdest du sagen *Wenigstens hat er mich nicht abgewiesen*?«

Jana verdreht die Augen. »Ich kenne deine Tricks schon, Alex. Ja, ich würde es vermutlich eher bereuen, aber ich KANN das nicht!« Was ich dann tue, ist ein bisschen gemein, denn ich erinnere sie an Nadja. Was sie nicht getan hat in ihrem Leben und ich nehme Janas Hände: »Es ist ein Wimpernschlag, unser Leben. Wir sehen kurz nicht hin, weil wir beschäftigt sind, und dann, im nächsten Moment, ist es vorbei. Lass uns in dieser kurzen Zeit alles rausholen, vielleicht sagt er Ja, vielleicht sagt er Nein – Schmerz oder Glück, das ist Risiko, das ist Leben! Es ist doch besser, beides zu fühlen statt vorsichtshalber lauwarm auf halb acht herumzueiern!«

Jana sieht etwas bedröppelt zu Boden »Ja, ich weiß.«

»Gut!«, finde ich. »Wirst du es tun? Wirst du ihn ansprechen?« Stille und dann:

»Ja.«, seufzt sie, dann reißt sie die Augen auf und sieht mich verzweifelt an: »Ich bin total aufgeregt.«

Ich drücke ihre Hände und freue mich: »Das ist dein Herz.«

FREUNDE

Abgesehen von den Dingen, die man aus Stolz oder Peinlichkeit nicht sagt, gibt es jede Menge Dinge, die man nicht sagt, weil es einem schlicht rasend unangenehm ist. Meine zwei persönlichen Favoriten, die ich wirklich gern oft benutzen würde und die ich mir viel zu oft verkneife, sind:

1. *Interessiert mich nicht.*

2. *Ich habe keine Lust.*

Ich glaube, ich könnte ganze Tage, was sage ich – Wochen, Monate! – allein mit diesen zwei Sätzen auskommen. Wenn ich sie denn sagen würde. Stattdessen höre ich mir viel zu oft an, wie Stefan den Nahost-Konflikt löst, indem er *einfach nur* irgendetwas macht, das total realitätsferner Bullshit ist, oder wie Ines jedes Mal, wenn ich sie sehe, sich rechtfertigt, warum sie ihren Mann nicht verlässt. Das sind so Dinge, die unter Punkt 1 *Interessiert mich nicht* fallen. Verstehen Sie mich nicht falsch – es ist mir total egal, ob Ines bei ihrem Mann bleibt oder nicht, das kann sie ja handhaben, wie sie möchte. Ines weiß aber, dass ich ihren Mann für den größten Idioten unter der Sonne halte. Der Clou ist: Ines hält ihn auch für den größten Idioten unter der Sonne. Trennen will sie sich trotzdem nicht, und sie hat ihre Gründe dafür. Ich habe da kein Problem damit – das einzige Problem ist: Sie will ihre Entscheidung, bei ihm zu bleiben, abgesegnet bekommen. So, als sollte man ihr die Absolution erteilen! Man halte mich bitte nicht für nichtempathisch, aber ich habe mir das jetzt schon ein paar Mal angehört. Ich kann ihre Gründe (finanzielle Sicherheit, Angst davor, alleine alt zu werden) nachvollziehen und ich verurteile sie nicht deswegen, aber »absegnen« kann ich sie nicht. Aber hey – jeder, wie er meint! Wo kämen wir denn hin, wenn man immer mit allen Leuten in allem übereinstimmen wollte! Für mich spielt ihre Trennung oder Nicht-Trennung keine Rolle, ich kann mit Ines ein Bier trinken und mich über andere Dinge mit ihr unterhalten, also ich könnte – wenn Ines nicht jedes verdammte Mal wieder davon anfangen würde. Da können Sie gerade bei einem ganz anderen Thema sein, zum Beispiel – Umweltverschmutzung! Ich verwette meinen Arsch drauf, dass Ines dann so etwas sagt wie:

»H. (der Idiot) fährt so einen SUV, die sind auch ganz schlecht für die Umwelt …«, und dann erklärt sie Ihnen, warum sie ihn nicht verlässt. Das kann die aus dem *FF* und aus jeder Richtung! Scheißegal, was Sie ansprechen! Ihre

Katze hat Dünnpfiff? Das ist ja ein Ding, H. hatte das auch mal! So geht das. Da ist mir die Lösung des Nahost-Konflikts von Stefan fast lieber – das ist auch so ein Phänomen, oder? Dass Mitmenschen, die ihr eigenes Leben gerade auch nur so lala hinbekommen, sich berufen fühlen, die ganz großen Probleme zu lösen. Oder sich auf jeden Fall in der Lage wähnen, einem Stab an Experten und Spezialisten zum Thema ein paar nützliche Tipps zu geben. Das ist allerdings eher ein Männerphänomen, fällt mir auf. Die können grundsätzlich alles besser. Frauen hingegen *wissen* alles besser ☺.

Und das mehr so im privaten Bereich, also was eine andere Person (vorzugsweise eine Frau und gemeinsame Bekannte) anders machen müsste in Sachen Beziehung, Kindererziehung, Karriere, Aussehen und in ihrem Leben generell, wo ihre Probleme herrühren und wie denen beizukommen sei. Tatsächlich ist ein Stefan natürlich überhaupt nicht wirklich an der politischen Lage im Nahen Osten interessiert und auch die persönliche Lebenssituation der betroffenen Bekannten, über die gesprochen wird, ist eigentlich unwichtig.

Der eine will seinem Gesprächspartner lediglich ein bisschen imponieren und die andere fühlt sich besser, wenn sie sich gegenüber der Bekannten selbst aufwertet. Wenn ich so nachdenke, fallen mir sogar ganz viele Situationen ein, bei denen es dem Gesprächspartner gar nicht darum geht, sich auszutauschen, sondern um ganz andere Dinge. Und zwar meistens um sich selbst. Wenn ich nicht mehr viel

Zeit habe, möchte ich aber lieber nicht mehr Komparsin bei so etwas sein – ich will keine Zeit verschwenden für etwas, das ich im Grunde eh nicht ausstehen kann. Ich meine, natürlich nicht – das will ja niemand! Trotzdem handelt man nicht danach. Wo bleibt denn da die Logik …

Notiz an mich selbst:
Pseudo-Gespräche vermeiden!

Gleich am nächsten Tag präsentiert sich ein Prachtbeispiel von einem Pseudo-Gespräch: Wir sitzen zu dritt an einem Tisch im Einstein, L., Jana und ich, als eine ehemalige Studienkollegin von L. uns entdeckt »Huhuuu!« und auf uns zusteuert. L. nimmt sogleich einen tiefen Schluck von seinem Bier, der kennt sie nämlich schon, und leider, leider, kennen wir sie auch schon.

Mit einem »Hi L., hi ihr Süßen, na wie geht's?« setzt sie sich. Jana und ich sehen uns an. Wir sind dann wohl »die Süßen«. Ich schwöre, Jana sah noch nie weniger süß aus als in diesem Moment. L. ist leidlich unwohl in seiner Haut, vor allem weil er weiß, dass ich weiß, dass er mit just dieser Studienkollegin mal etwas hatte, was ihm inzwischen rasend unangenehm ist. (Und zwar völlig zu Recht.)

Sofort fängt L. an, irgendwas zu erzählen, das ist seine Übersprungshandlung in unangenehmen Situationen, und die Studienkollegin lehnt sich interessiert nach vorne: »Ja, das kenn ich«, nickt sie nach zwei Sätzen und fängt dann an, selbst etwas zu erzählen – was mit dem, was L. gesagt hat, nur im weitesten Sinn etwas zu tun hat. Kurz darauf passiert es wieder. Als es mit Jana um ihre Hüftbeschwerden geht, wirft die Studienkollegin ein: »Das verstehe ich, bei mir war mal …«, und dann erzählt sie von sich. Ich muss grinsen, denn es ist tatsächlich eine ziemlich verbreitete Masche, dass Leute nicht zuhören, sondern nur auf ein Stichwort warten, damit sie anfangen können, ihre eigenen Geschichten loszuwerden. »Ach, dein Mann hat eine Netzhautablösung und man weiß nicht, ob er je wieder sehen kann? Also wenn ich nach links oder rechts schaue, sehe ich im Augenwinkel immer so dunkle Schatten!« Sowas, zum Beispiel.

Das hat überhaupt nichts mit Zuhören zu tun, also damit, dass man versucht, seinem Gesprächspartner in dem zu folgen, was er sagt, sich in ihn hineinzuversetzen, seine Sicht der Dinge anzunehmen und vielleicht auch das zu hören, was eventuell zwischen den Zeilen steht.

Da wird lediglich eine Startfloskel eingeworfen, um möglichst schnell mit dem Reden anfangen zu können, genau so, wie die Studienkollegin von L. sie verwendet:

- Das kenne ich, ich …
- Bei mir ist das so …
- Verstehe, bei mir …
- Also ich hab mal, …

… und dazu beugen die sich so leicht nach vorne und nicken – vermutlich, um schneller zupacken zu können, wenn endlich ein Stichwort fällt, zu dem sie etwas zu sagen haben. Sie wissen, was ich meine, stimmt's?

Wenn beide Gesprächsteilnehmer das machen, entsteht eine perfekt oberflächliche Kommunikation, die man so, wie sie ist, in die Tonne treten kann.

Eigentlich habe ich auf so einen Mist keinen Bock und eine Umfrage im Freundeskreis hat ergeben: Niemand hat Bock auf solche Unterhaltungen. Ausgenommen vielleicht in Smalltalk-Situationen, bei denen man nicht umhin kommt zu schwafeln. Aber im Freundes- und Bekanntenkreis will man ja nicht smalltalken. Warum wehren wir uns also so selten? Vermutlich aus demselben Grund, warum auch der zweite Satz, den ich gerne öfter sagen würde, so selten zum Einsatz kommt:

Ich habe keine Lust.

Der Gebrauch dieses Satzes steht in keinerlei Verhältnis zu der Anzahl der Gelegenheiten, an denen man ihn loswerden könnte! Dank meines letzten Projektes (*Am Arsch vorbei geht auch ein Weg*) konnte ich schon einige wirklich absurde Dinge abstellen, zu denen ich wirklich keine Lust hatte. Die Poetry-Slam-Aufritte von meinem Freund Tom, zum Beispiel, um nur ein gesellschaftliches Highlight zu nennen. Der Grund aber, warum wir uns so zieren mit den Absagen, ist der gleiche wie von *Interessiert mich nicht*:

Es heißt, wir tun uns deswegen so schwer damit, weil wir gemocht werden wollen und davor Angst haben – wie Jana von ihrem Ahmet – zurückgewiesen zu werden. Also nicht nur von Ahmet, sondern auch von sonst allen. Egal, wie dufte wir jemanden finden oder auch nicht, abgelehnt werden ist das Schlimmste. Das ist in unseren Werkeinstellungen so vorgesehen und nur Wenige machen sich davon frei (und davon wiederum sind viele Soziopathen).

Diese Art der Werkeinstellung war bestimmt mal zu etwas gut, vermutlich, so wie die meisten unserer Werkeinstellungen, zum Überleben. Wir überleben nun mal besser in der Gruppe – zumindest war das in Zeiten der Säbelzahntiger so – und darum war es deutlich von Vorteil, wenn einen diese Gruppe leiden konnte.

Man stelle sich nur mal vor: Da buddelt man arglos ein paar Wurzeln für ein köstliches Abendessen in der Höhle aus, plötzlich steht eine Wildkatze mit 28 Zentimeter langen, gebogenen Eckzähnen vor einem und reißt das Maul auf. Wenn Sie da um Hilfe rufen und Ihre Kumpels winken ab, dann können Sie einpacken. Ausgerechnet diese Gefahr macht es uns angeblich so rasend unangenehm, Absagen zu erteilen und lässt uns immer in Sorge, was wohl der Rest der Welt von uns hält.

Wenn wir aber kurz innehalten und uns überlegen, dass es nächsten Februar eh vorbei ist mit uns – ganz ehrlich: Ist es da nicht scheißegal, was irgendwer von uns denkt? Noch dazu jemand, auf den man eh keinen Wert legt? Man muss ja nicht unhöflich werden, aber hey, was für eine Freiheit, sich davon loszumachen!

Nach dem Auftritt von L.'s Studienkollegin fällt mir wieder auf, wie wahnsinnig oft wir nicht das sagen, was wir meinen (*Interessiert mich nicht.*) und wie oft wir tun, was wir nicht wollen (*Ich habe keine Lust.*). Vermutlich angestachelt durch die Entwicklung der Gespräche an den Donnerstagabenden, will ich einen Versuch machen, mit der Studienkollegin eine dieser echten Verbindungen herzustellen – vielleicht muss ich lediglich die richtigen Fragen stellen, den Zugang zu ihr finden. Wenn mir das gelingt, dann würde sie sich vor meinen Augen in ein liebenswertes, wunderschönes Wesen verwandeln, denn in ihrem Inneren würde etwas sein, das liebenswert und wunderschön wäre.

Ich mach's kurz: war es nicht. Ich habe genau nachgesehen, da war nichts zu wollen. Und ganz ehrlich, meine kurze, restliche Lebenszeit werde ich nicht damit verbringen, in den Abgründen unsympathischer Leute nach einem Funken zu suchen. Es gibt ja auch recht viele, die man einfach so gern haben kann, und es ist schon ok, nicht die ganze Welt zu lieben. Es liebt einen selbst ja auch nicht die ganze Welt – aus mir völlig unverständlichen Gründen.

Im Ernst: Ich will mich lieber auf die konzentrieren, die ich liebe, das sind nämlich schon ein paar, und mit denen mehr Zeit verbringen. Ganz viel Zeit.

»Was ist denn mit dir los«, bemerkt auch bald darauf Anne, bei der ich zum dritten Mal diese Woche vor der Türe stehe. Als ich Anne erkläre, dass ich sie möglichst oft sehen will, weil ich in meiner imaginären Welt nächsten Februar hops gehe, entgegnet sie trocken: »Ja, aber ich doch nicht!« und schmeißt mich raus, sie hat nämlich zu arbeiten. So kann es gehen. Tatsächlich merke ich, die Idee, möglichst viel Zeit mit meinen Lieben zu verbringen, ist zwar toll, aber es ist eine Idee, die gar nicht aus mir selbst kommt. Mehr so eine dieser Weisheiten, die man mal aufgeschnappt hat. Klar möchte ich viel Zeit mit meinen Freunden verbringen, aber das tue ich im richtigen Leben, also in dem ohne Todeszeitpunkt, ja eh schon. Da muss ich nicht dreimal die Woche bei Anne auf der Matte stehen und ihr dort auf die Nerven fallen. Ich traue mich zu behaupten, dass ich das auch nicht täte, gäbe es den Todeszeitpunkt wirklich. Kurze Zeit darauf erfahre ich aber, was wirklich zählt, wenn es um Freunde geht, denn just als das Kind und ich L.

auf eine Geschäftsreise nach Schweden begleiten, kommt meine Mutter ins Krankenhaus. Schon seit längerer Zeit hatte sich abgezeichnet, dass sie an der Wirbelsäule operiert werden muss und alle haben wir auf diese Operation gehofft und ebenso davor gezittert, denn zu bedeutend ist das Ergebnis dieser Operation. Nun, völlig überraschend und kurzfristig, hat ihr Arzt angerufen, die Koryphäe auf dem Mutter-Wirbelsäulen-Gebiet wäre für einen Gastvortrag im Land und würde ihre Operation am nächsten Tag übernehmen. In einem Krankenhaus 200 Kilometer entfernt, komplett mit Kamerateam und Liveübertragung in die wichtigsten Wirbelsäulenzentren dieser Welt. Nervös erzählt die Mutter am Telefon davon, während ich mir gerade an einer schwedischen Imbissbude original Köttbullar bestellt habe und sie kalt werden lasse. »Morgen geht es also los«, sagt sie und alle Witze über ihren großen Auftritt im Wirbelsäulen-TV täuschen nicht über die Angst in ihrer Stimme hinweg. L. sieht mich mit großen Augen an, denn auch all die holprigen Aufmunterungsversuche meinerseits täuschen nicht über die Angst in meiner Stimme hinweg. Morgen schon – und ich bin nicht da. Ich bin nicht da, um sie zu beruhigen, ich bin nicht da, wenn sie aufwacht, und ich werde nicht da sein, wenn ihr der Arzt nach der Operation mitteilt, ob er erfolgreich war – oder nicht. Und sonst übrigens auch niemand. Selbst wenn ich mich in dem Moment auf den Weg machen würde, käme ich nicht rechtzeitig an und mit einem Mal lastet ein tonnenschwerer Stein auf meinem Herzen.

Noch während ich L. erzähle, was passiert ist, und das Kind mit den Fleischklopsen spielt, klingelt wieder das Telefon. Es ist nicht die Mutter, sondern mein Freund Ole. Ole, mein zwei Meter großer Freund aus Jugendtagen und einer der wenigen, die ich aus dieser Zeit ins Erwachsenenleben mitgenommen habe. Mein lieber Ole. Aus Ole ist ein unfassbar erfolgreicher Geschäftsmann geworden und er ist trotzdem ein hervorragender Saufkumpan geblieben und hat alleine damit schon Seltenheitswert. Außerdem hat er dieses großartige Prinzip verinnerlicht, nie etwas zu tun, was er nicht möchte. Ole kommt nicht zur Laientheater-Aufführung, Ole läuft nicht bei der Anti-Dingsbums Demo mit und Ole lässt sich schon dreimal nicht dazu überreden, einem bei der Organisation der Weihnachtsfeier zu helfen, und auch auf der seiner eigenen Firma bleibt er nur, wenn es lustig ist. Aber das ist ok, man mag ihn trotzdem, weil er ein feiner Kerl ist. Und zu einem Teil mag man ihn auch genau deswegen – weil er so ist, wie man selber viel öfter gern wäre. Just dieser Ole ruft nun an, wegen einer Lappalie, und auch er überhört die Angst in meiner Stimme nicht. Ich erzähle ihm von der Operation, dem Kamerateam und allem. Und von dem tonnenschweren Stein, weil ich nicht da bin. Nicht da, um sie zu beruhigen, nicht da, wenn sie aufwacht und auch nicht, wenn ihr der Arzt nach der Operation mitteilt, ob er erfolgreich war oder nicht. Ole kennt meine Mutter, die beiden saßen schon einige Male bei mir am Küchentisch und er weiß auch, wie wichtig diese Operation sein wird.

»Ich fahr hin«, sagt er da plötzlich am Telefon und mein Hirn stolpert kurz. »Was?«, ist dann auch das Einzige, das ich herausbekomme. »Ich fahr hin«, wiederholt Ole, »wie heißt denn der Schuppen?« Und dann bin ich sprachlos. Wenn ich sagte, Ole sei ein wahnsinnig erfolgreicher Geschäftsmann geworden, dann meine ich diese Art von Geschäftsmann, die sehr viel Geld verdienen und gleichzeitig über äußerst wenig Freizeit verfügen. Jemand, der sich sehr gut organisieren muss, damit ihm die Familie nicht aufs Dach steigt, weil sie ihn nicht zu sehen bekommt, und der vor lauter Visa-Stempeln im Pass permanent einen neuen beantragen muss, weil die Seiten nicht reichen.

Ole fuhr am darauffolgenden Tag die 200 Kilometer in das Krankenhaus mit dem Wirbelsäulen-Spezialisten und war da. Er war da, um sie zu beruhigen, er war da, als sie aufwachte, und er saß an ihrer Seite, als der Arzt ihr nach der Operation mitteilte, dass sie erfolgreich war. Das Foto, das sie danach von ihren strahlenden Gesichtern schossen und auf mein Handy schickten, ist eines der Bilder, die ich für immer in meinem Herzen tragen werde. Es gibt Leute, die müssen sich mit diesem Gedanken »Wenn ich noch ein Jahr zu leben hätte …«, gar nicht klarmachen, was sie tun würden, sie tun es einfach. Weil sie nur das tun, was sie wollen, und das immer das ist, was das Herz sagt.

Der Gedanke an Ole und das Gefühl dafür, was richtig und wichtig ist, hilft mir kurze Zeit später, als Annes Oma stirbt.

Annes Oma hat Anne großgezogen, sie waren sich eng verbunden und die Nachricht trifft Anne schwer. Ich sitze bei ihr in der Küche und halte sie im Arm, während sie schluchzt, wir sehen uns alte Fotos an und als sie spät nachts auf dem Sofa einschläft, decke ich sie zu. Schon am nächsten Tag muss sie los, weit hoch in den Norden, wo die Oma lebte, um die Beerdigung zu organisieren und alle Angelegenheiten zu regeln. Ein Bahnticket hat sie schon, der Koffer ist gepackt und wartet im Flur auf den nächsten Tag. Als ich sie so ansehe, während sie unruhig schläft, mit geschwollenen Augen und die Hand zur Faust geballt, blutet mir das Herz. Ich kann sie doch so nicht fahren lassen –

Aber sie zu begleiten, wäre ein vollkommener Irrsinn: Das Kind muss in den Kindergarten, ich muss arbeiten und zwar richtig viel, denn ich habe demnächst einen Abgabetermin und außerdem diese Woche noch gefühlte hundert andere Termine, ganz abgesehen davon, dass das Bahnticket ein kleines Vermögen kostet. Anne selbst hat mir zuvor noch versichert, dass sie das schon schafft. Im Norden warten liebe Familienmitglieder auf sie und ganz ehrlich, es geht schon. Völlig unmöglich mitzukommen. Diese Einsicht macht mich traurig und es tut mir leid, so sehr, dass es mir das Herz zusammenzieht.

Genau in diesem Moment denke ich an das Gedankenexperiment. Wenn dies mein letztes Jahr wäre …

Wenn dies mein letztes Jahr wäre, wäre das Einzige, was zählt, Anne nicht allein zu lassen. Ich würde das tun, was mein Herz mir sagt, denn das ist es, was ich tun will, dann wäre es auch nicht so schwer. Und dort, in Annes Küche, fange ich an, die nächsten Tage zu organisieren: wer wann das Kind in den Kindergarten bringt oder abholt, ich schreibe dem Verlag, dass ich etwas Aufschub brauche mit der Abgabe, ich lege Termine um oder sage sie per Mail gleich ganz ab, und was das Bahnticket kostet, ist egal. Zu Hause packe ich meinen Koffer, küsse am nächsten Morgen L. und das Kind und fahre zu Anne.

Es ist noch früh am Morgen und es ist kalt, Raureif liegt auf allem und einen Moment lang stehe ich vor ihrer Tür, ohne zu klingeln. Ich weiß, das wird keine leichte Reise, es wird viel Kummer geben und es wird Momente geben schwer wie Blei, aber ich bin glücklich. Glücklich, das Richtige getan zu haben. Dann drücke ich auf die Klingel. Als Anne öffnet und mich sieht, mit meinem Koffer in der Hand, bricht sie in Tränen aus. »Ich liebe dich«, flüstert sie in mein Ohr, als sie mich an sich drückt.

»Ich dich auch.«

Notiz an mich:

Schlechte Gründe für eine Entscheidung: Termine, Kosten, Umstände.

Gute Gründe für eine Entscheidung: das Herz will es so.

VORSICHT, FALL(E)

Ganz besonders spürt man das Herz auch in Momenten großen Glücks – leider habe ich eine wahnsinnig bescheuerte, aber anscheinend weit verbreitete Strategie, mit Glück und Glücksmomenten umzugehen: Sobald ich merke, es ist alles toll, suche ich mir sofort irgendetwas, um das ich mir Sorgen machen kann. Bekloppt, oder?

Das passiert, ohne dass ich irgendwas dazu tue, ganz automatisch. Wenn ich verträumt das Kind betrachte und ganz ohne, dass es irgendetwas gefährliches tut wie Krokodile streicheln oder über einem Abgrund balancieren, hoffe ich im gleichen Moment, dass ihm nichts passieren möge, jemals. Wenn ich mit L. in den Sonnenuntergang blinzle, fällt mir ein, dass der Bügelwäscheberg in absurde Höhen wächst und bin ich auf einem tollen Konzert, auf das ich mich seit Monaten freue, denke ich mir zwischendurch, eigentlich müsste ich das viel mehr genießen – und warum zur Hölle gibt es immer zu wenige Toiletten auf solchen Veranstaltungen?

Das zieht sich durch alle Bereiche! Hatte ich ein Geschäftsjahr, in dem es bombig gelaufen ist und ich gut Geld verdient habe, freue ich mich kurz darüber und mache mir anschließend Sorgen, was wohl im nächsten Jahr wird und ob ich in der Altersarmut lande. Ich glaube, das Ganze beruht auf einem Satz, der mir Zeit meines Lebens eingebläut wurde, der ein Teil von mir wurde und der so doof ist, dass ich es nicht fassen kann, nämlich:

Freu dich nicht zu früh!

Ist der bitte dämlich? Ich meine, was soll das? Und wer auf dieser Welt kam als Erster auf den Gedanken, jemandem, der voller Hoffnung oder Vorfreude oder Spannung auf etwas wartet, oder der sich über ein Ereignis freut zu sagen: »Freu dich nicht zu früh!« Wenn Sie das jemandem sagen, können Sie ihm auch gleich mit der geballten Faust in die Magengrube schlagen, das hat einen ähnlichen Effekt. In beiden Fällen zuckt man sofort zusammen und verspürt Schmerz.

Aber was bedeutet der Satz eigentlich? Er sagt ja, was auch immer Großartiges dir gerade passiert ist und worüber du dich freust, es kann immer noch etwas passieren, das diese Freude zunichtemacht.

Na herzlichen Glückwunsch.

Wenn Sie diesen Grundsatz erst mal verinnerlicht haben, brauchen Sie sich auch nicht wundern, wenn Sie mitten im schönsten Sommertraum nach den dunklen Wolken schielen. Denn die könnten ja schließlich kommen! Die Logik hinter diesem Satz ist die Idee, dass man umso enttäuschter ist, wenn etwas nicht eintritt, je mehr man sich vorher darauf gefreut hat. Also ungefähr so:

Sagen wir, unser Grad der Freude wäre vergleichbar mit einem Sprungturm im Schwimmbad, dann wäre das Wasser in selbigem die Enttäuschung, in die man platscht, wenn es doch nicht so läuft wie erwartet. Die Logik von *Freu dich nicht zu früh* ist nun, dass die Welle der Enttäuschung umso höher schwappt, je weiter wir vorher auf unserem Sprungturm nach oben geklettert sind. Es gibt noch andere Vergleiche für dieses Prinzip. Sie alle haben mit Fallhöhen zu tun, wie zum Beispiel der des Vogels, der zu hoch fliegt. Ganz klar: Je höher man fliegt, desto größer der Fleck, den Sie auf dem Bürgersteig hinterlassen, sollten Sie abstürzen.

Jetzt mögen Sie zwar einwenden, dass da was Wahres dran ist, aber: Man kann Enttäuschung oder Schmerz nicht klein halten, ohne gleichzeitig auch die Freude klein zu halten. Unser Hirn macht das nämlich nicht selektiv bei der einen oder anderen Gelegenheit, wo tatsächlich verhaltene Vorsicht geboten wäre, nein, es erhebt ja immer gleich alles zum Prinzip! Und dann haben Sie den Salat. Je weniger Wellen, desto weniger Freude fürs Herz. Umgekehrt heißt das auch:

Je mehr man das Risiko eingeht, nass zu werden, desto höher das Freudenfeuerwerk. Es ist das gleiche Prinzip wie bei Janas Angst, Ahmet anzusprechen: ohne Wagnis wird es nichts. Wenn man sich nicht traut, bekommt zwar wenigstens keins auf die Mütze, man bekommt aber eben auch sonst nichts.

Wenn wir das im Alltag so praktizieren, kommt einem das noch einigermaßen normal vor – wer bekommt schon gern eins auf die Mütze. Wenn wir aber kurz daran denken, dass wir schon bald von dieser Erde verschwinden, vielleicht früher als uns lieb ist und ich sogar schon nächsten Februar, – dann ist das eine völlig absurde Einstellung. Wenn Sie nächsten Februar mit mir sterben müssten – würden Sie dann immer noch lieber kein Risiko eingehen, um nicht verletzt zu werden? Würden Sie möglichst sparsam mit ihren Gefühlen umgehen und vorsichtig in Ihrer sicheren Zone bleiben, in der nichts passieren kann? Bestimmt nicht. Sie würden ohne Angst entscheiden und mitnehmen, was Sie kriegen können, an diesen Gefühlen, die das Leben ausmachen und die Sie Ihr Herz spüren lassen.

Aber wir haben das nicht so präsent und so halten jede Menge Leute ihre Gefühle klein. Zumindest die eigenen – denn stattdessen leiden und lieben und weinen sie mit irgendwelchen Schauspielern im Kino mit. Geborgte Gefühle sind das, und die sind gar nicht unpraktisch, die sind nämlich kontrollierbar und nach dem Film vorbei.

Es gibt Leute, die erheben dieses Kleinhalten von Gefühlen zur Perfektion. Miriam ist so eine. Die hat in ihrem Leben gar nicht die ganz großen Dramen erleben müssen, aber das gängige Paket: Trennungen und Betrug, Rückschläge, Lügen des Partners und zu wenig Liebe vom Vater. Ein buntes Potpourri an Scheußlichkeiten, wie sie in Variationen jeder im Rucksack hat. Leider ist sie noch dazu mit einem wirklich minimalen Selbstbewusstsein ausgestattet und konnte das auch nie ändern. Sie hat immer Angst zu versagen, etwas nicht zu können oder zu schaffen, sie hält sich für nicht liebenswert und traut sich in Anwesenheit von echten, lebenden Personen nicht zu sagen, was sie denkt, geschweige denn, was sie fühlt.

Miriam hat so große Angst vor Ablehnung und Enttäuschung, dass sie eine immens hohe Schutzmauer um sich gezogen hat, die kein Mensch je überwinden kann. Diese Mauer hält sie instand, indem sie einfach nichts von sich preisgibt. Sie sagt nicht, was in ihr vorgeht, sie sagt niemandem, dass sie ihn oder sie liebt, es ist, als trüge sie immer einen Panzer, der ihr Herz beschützt. Für alle Menschen, auf die sie so trifft, ist das rasend langweilig und, Überraschung, Miriam ist nicht die Erste, an die man denkt, wenn man überlegt, mit wem man gern um die Häuser ziehen möchte. Das merkt sie wiederum auch und Zack! fühlt sie sich bestätigt und baut die Mauer gleich noch ein Stockwerk höher. Ganz selten, und auch nur, wenn bestimmte Faktoren wie Alkohol, die richtige Gesellschaft und extrem emotionale Musik zusammenkommen, tut sich ein kleiner Riss in dieser Mauer auf. Dann sieht man sie laut singend und mit geschlossenen Augen tanzen und sie sieht so aus, wie sie eigentlich immer aussehen sollte.

Einmal hat sie sich mir bisher geöffnet. Der Moment war wohl der richtige und nach dem rhetorischen »Wie geht's?« und ihrer Antwort »Gut, Danke!« hatte ich nachgebohrt: »Und, wie geht es dir in echt?«

Da hat sie die Zugbrücke runtergelassen und es ist aus ihr herausgebrochen, was sie sonst für sich behält. Ihre Zweifel, Ängste und viele, viele Tränen. Das war das einzige Mal, dass sie eine echte Verbindung zugelassen hat. Ich habe innerlich schon mit den Pom-Poms gewedelt ob dieses Durchbruchs, aber als wir das nächste Mal aufeinandertrafen, war ihr die Erinnerung an diesen Moment so unangenehm, dass sie mich nicht mal angesehen hat.

Wenn ich nicht wüsste, dass sie sich winden würde, würde ich sie permanent drücken, so leid tut sie mir in ihrem selbst gebauten Gefängnis.

Wie wird das wohl sein, wenn Miriam eines Tages merkt, dass sie nicht mehr lange zu leben hat? Wird sie im Sterben über die Schutzmauern blicken und da ist – nichts? Nur ödes Land? Keine Angreifer, keine Leitern …

…

Es gibt noch ein paar weitere Fallen, mit denen wir uns selbst das Glück vereiteln und die vom Ende des Lebens aus gesehen gar keinen Sinn mehr ergeben. In einer davon saß ziemlich lange Gloria, eine ältere Dame, die ich sehr mag. Sie wohnt über uns und war früher Opernsängerin und manchmal singt sie zu Hause und das klingt dann schön im Hinterhof. Gloria ist eine sehr elegante Dame, attraktiv und feingliedrig und sie nennt mich seit dem Tag unseres Einzugs *Reina*, das ist spanisch und heißt *Königin*, und das ist so zauberhaft, dass ich ihr immer die Einkäufe hochtrage. Von ihrem Balkon hängt eine Schnur mit Haken auf unsere Terrasse und wenn ihr beim Wäscheaufhängen eine Socke runterfällt, dann ruft sie und ich hänge sie an den Haken. Sie hat etwas zittrige Hände, deswegen sehen wir uns öfter auf der Terrasse unter dem Haken. Dort fragt sie auch nach dem Thema des neuen Buches – Gloria ist umfänglich über unsere Lebensgewohnheiten,

Berufe und Freundeskreise im Bilde – und ich erzähle ihr von *Das Leben ist zu kurz für später*.

»Ach, *Reina*«, sagt Gloria, als wir über Dinge sprechen, die uns daran hindern, das Leben zu leben. »Ich hatte seit meiner Scheidung vor 20 Jahren das Gefühl, dass es mir nicht zusteht, glücklich zu sein. Ich habe mich so zurückgenommen. Immer, wenn Freude in mein Leben kam, bin ich davor zurückgewichen. Als hätte ich es nicht verdient.« Traurig sieht sie zu mir nach unten.

»Na ja, jetzt bin ich alt, aber Liebes, du bist noch so jung …«, und damit lässt sie mich auf der Terrasse stehen.

Ich bin noch so jung – *Ansichtssache!*, denke ich zuerst, und dann: verdammt, sie hat Recht. Es kommt eben immer darauf an, womit man sich vergleicht. Dass Gloria seit ihrer Scheidung – und die ist 20 Jahre her – meinte, sie habe es nicht verdient, glücklich zu sein, ist traurig. Tatsächlich gibt es ein paar solcher hirnrissigen Stolpersteine, die einem alles versauen können.

Schuldgefühle zum Beispiel.

Die Eltern von Jana waren jahrelang schwer krank. Das lastete natürlich auf ihr und machte ihr zu schaffen. Sie war mitgenommen und oft traurig, aber vor allem hatte sie das Gefühl, sie könne doch nicht einfach glücklich sein, wo es ihren Eltern doch so schlecht geht! Sobald Jana Freude verspürte oder sich verliebte oder es aus irgendeinem anderen Grund gerade ganz besonders großartig lief, schreckte sie mitten in ihrer Leichtigkeit zusammen, denn sie dachte an ihre Eltern und sie fühlte sich sofort schuldig. Was war sie nur für eine schlechte Tochter, wenn sie lachen, küssen und sich verlieben konnte, während ihre geliebten Eltern litten?

Bei Licht betrachtet ist das natürlich ein verdrehter Gedanke, denn Janas Eltern hätten bestimmt nichts mehr gewollt, als dass ihre Tochter glücklich ist. Aber Jana war es auch gar nicht so klar, dass es genau diese Schuldgefühle waren, die sie so bedrückten. Es war mehr eine Art ungute Stimmung in ihrem Inneren, ohne dass sie diese näher benennen konnte (oder wollte).

Eltern scheinen generell eine Art Garant für Schwierigkeiten mit dem Lebensglück zu sein – schließlich sind sie wahre Experten darin, einen mit Erwartungen zu überhäufen. Und da steht man dann, introvertiert, schüchtern, mit einem Hang zu Büchern und Melancholie, obwohl Mutti doch so gern eine fröhliche Eisprinzessin wollte oder Vati einen gefeierten Fußballstar. Das ist natürlich etwas überzogen und Eltern wird meistens früher oder später von alleine klar, dass sie sich wünschen können, was sie wollen, ein Bücherwurm ist nun mal keine Eisprinzessin. Gott sei Dank kommt den meisten Kindern dann auch die Pubertät zugute, in der man praktisch genau das Gegenteil von all dem veranstaltet, was sich Eltern für einen vorgestellt haben.

Aber obwohl ich diese Pubertätssache wirklich auf die Spitze getrieben habe, bemerke ich doch, dass ich jetzt, wo ich definitiv erwachsen bin, bei den großen Entscheidungen im Leben immer noch nach dem OK meiner Eltern schiele. Jetzt habe ich es noch relativ gut, denn die sind (einigermaßen) vernünftig – also so vernünftig Eltern nur sein können. Es gibt ja auch ganz andere Kaliber:

Die Eltern von Stefan zum Beispiel waren total froh, als sie ihn endlich im Arm hielten, weil sie bereits in dem verschrumpelten, brüllenden Neugeborenen den Apotheker sahen, der die Traditionsapotheke in vierter Generation übernehmen sollte. Wäre Stefan ein empfindlicheres Pflänzchen gewesen, hätte er das auch bestimmt gemacht. Zu Stefans großem Glück wurde er aber ein robustes, selbstbewusstes Kerlchen, das sich von den Wünschen seiner Eltern überhaupt nicht beeindrucken ließ, auch nicht von Drohungen, Enterbung und flehentlichem Bitten, und der seinen Traum verwirklichte und Förster wurde. Einmal so wie Stefan sein, echt …

Die Eltern von Hannah hingegen waren zwar mit der Berufswahl ihrer Tochter leidlich einverstanden, aber als sich herausstellte, dass der Mann an ihrer Seite eventuell für länger, wenn nicht sogar für immer bleiben würde, gerieten sie etwas aus dem Häuschen. Und zwar nicht vor Freude. Vor allem Hannahs Mutter sah es überhaupt nicht ein, dass sie jahrelang in die Ausbildung und Aufzucht ihrer wunderschönen Tochter investiert hatte, nur damit die »um Meilen hinter ihren Möglichkeiten« zurückblieb. Das

»um Meilen hinter ihren Möglichkeiten«, das hat sie wirklich gesagt. Hannah hat den Mann ihrer Träume trotzdem geheiratet, trotz der Möglichkeiten. Beruf und Partner, das sind so Entscheidungen, die trifft man und die Missbilligung oder die Absolution der Eltern ist dann halt einfach da. Viel schwieriger ist es aber, wenn es um die eigene Art zu leben geht. Also wenn Ihre Familie zum Beispiel fest davon ausgeht, dass sie heiraten, Kinder kriegen und sonntags mit den Enkeln zum Bratenessen vorbeikommen. Es kann passieren, dass sie in der Gewissheit aufwachsen, dass Ihr Leben genau so aussehen wird, Sie unterwegs jedoch bemerken, dass Sie überhaupt nicht heiraten wollen. Oder keine Kinder wollen. Oder dass sie zwar beides ganz ok finden, aber Braten ablehnen. Sie wissen, was ich meine, oder? Dass man die Erwartungen, die an einen gestellt werden, zunächst einmal:

a) bemerkt

und sie dann:

b) einer Prüfung unterzieht, ob sie mit den eigenen Wünschen übereinstimmen, um sich dann:

c) mit den Eltern auszusöhnen und hoffentlich das zu tun, was man will, und nicht das, was erwartet wird.

Ganz fies ist es, wenn die Erwartungen der Eltern das betreffen, was man ist. Die eigene Person. Weil man vielleicht als Junge geboren wurde, rein biologisch, aber im Herzen eine Frau ist. Oder als Junge geboren wurde, gern ein Mann ist und sogar gern Kinder hätte und sonntags zum Bratenessen käme, aber eben nicht mit der Liebsten – sondern mit dem Liebsten. Wenn Eltern das nicht hinkriegen, wird es ganz bitter, und zwar für alle Beteiligten.

Mein Freund Hummel macht genau das mit. Hummel ist ein reizender Kerl, manchmal etwas anstrengend tuntig, aber durch und durch großartig. Auch seine Mutter, in deren Reihenhaus-Dachgeschoss er wohnt, findet ihren Hummel durch und durch großartig. Nur dass er schwul ist, das geht nicht in ihren Kopf – »wo er doch jedes Mädchen haben könnte!«

Sie lehnt das einfach ab. So, als wäre Hummel gerade in einer schwierigen Phase, so wie damals in der Trotzphase, aber immer in der steten Hoffnung, er würde nach Überwindung derselben zur Besinnung kommen. Leider ist die Hummel nun aber nicht mit dem grandiosen Selbstbewusstsein ausgestattet, das er bräuchte, und er versucht fortwährend und unermüdlich, im Ausgleich quasi, ein guter Sohn zu sein. Das macht ihn krank und unglücklich, und es ist furchtbar. Aber sooft wir auch zusammensitzen und die Hummel lamentiert und versucht, sich selbst davon zu überzeugen, dass er, die Hummel, ja wohl nicht dazu da ist, um die Erwartungen seiner Mutter zu erfüllen:

Genauso ist eben seine Mutter auch nicht da, um seine Erwartungen zu erfüllen. Sie kann es nicht. Um wie viel schöner könnte alles sein, wenn man das akzeptieren kann, sich damit aussöhnen, um dann das Leben zu leben, wie man es möchte.

Genauso wenig wie Eltern einem die Absolution für Entscheidungen erteilen müssen, müssen das Freunde tun oder gar der Partner. So wie Ines, die permanent ihre Nicht-Trennung abgesegnet bekommen will. Wenn jemand so hartnäckig darauf besteht, kann man ja praktisch davon ausgehen, dass derjenige mit seiner Entscheidung selbst nicht so hundertprozentig glücklich ist. Niemand verteidigt so oft seine Entscheidung wie derjenige, der in seiner Entscheidung unsicher ist – oder im Grunde seines Herzens weiß, dass er komplett falsch liegt, zumindest im Sinne des Herzens.

Warum man Veränderungen nicht angeht, auch wenn man im Grunde des Herzens weiß, was die richtige Entscheidung wäre? Es ist immer Angst – und Angst ist ein scheiß Ratgeber. Eine super Bremse in Sachen Veränderung ist auch die Stimmung, die zu Hause herrschte, als man noch klein war. Die Eltern, da sind sie wieder. Wer nämlich zu Hause immer so Sätze gehört hat wie:

- Jetzt warte erst mal ab.
- Das kannst du immer noch machen.
- Und was, wenn .... nicht funktioniert?

Der hört genau diese Sätze später in seinem Leben immer wieder als Stimmen in seinem Kopf. Und zwar immer dann, wenn es darum geht, Bestehendes zu verändern, sogar dann, wenn diese Veränderung wirklich gewollt ist. Die Generation meiner Eltern ist generell eher auf Sicherheit bedacht, ich habe das praktisch mit der Muttermilch aufgesogen. Einen Beruf hat man ein Leben lang, einen Mann sowieso und die Stadt oder gar das Land verlassen – was da alles passieren kann! So in der Art. Auf all die großartigen, wenn auch zugegebenermaßen etwas unausgereiften Ideen, die ich zu Hause so präsentierte, wurde mit dem Hinweis auf größtmögliche Vorsicht reagiert. Als Kind hat mich das zwar davor bewahrt, im Winter barfuß zum Kindergarten zu laufen oder zu den Delfinen im Zoo ins Becken zu hüpfen, aber es hat mich eben auch davor bewahrt, Ideen zu verwirklichen, die deutlich vernünftiger waren. Nur dem Sicherheitsbedürfnis meiner Eltern ist es zuzuschreiben, dass ich tatsächlich nach der Schule ein Studium angefangen habe, das mich nicht im Geringsten interessierte. »Da hast du was Sicheres«, hat meine Mutter gesagt, derweil ist das einzig sichere im Leben der Tod.

Ein Kollege von mir, Pablo, hat sein Studium aus dem gleichen Grund angefangen und der hat es sogar durchgezogen. Der ist echt Jurist geworden – um dann, nach dem Staatsexamen, in einer Käserei anzufangen. Pablo ist jetzt der juristisch am meisten versierte Demeter-Käsemacher der Welt. Zumindest hat er die Kurve noch gekriegt, denn er ist glücklich mit seinem Käse. Aber es gibt ja Kaliber, die bleiben für immer auf dem Weg, den sie niemals einschlagen wollten. Wo sie doch schon so viel investiert haben und dann erst mal abwarten, denn was anderes können sie immer noch machen und wer weiß, ob das überhaupt funktioniert, was sie eigentlich wollen, und dann sind sie zu alt, um nochmal was Neues anzufangen und dann ist das Leben vorbei. Herzlichen Glückwunsch.

Und bei dem Stichwort »eigentlich wollen« fallen mir sofort drei Dinge ein: der argentinische Regisseur, die Badewanne im Hotel und »Die Überwindung des Du«.

Mist. Das wollte ich eigentlich nicht.

JOB

Die traurigste Figur, die mir reflexartig einfällt, wenn es um Unglück im Beruf geht, ist immer Roy Black. Sie erinnern sich? Der geschniegelte Schlagerheini? Der hatte BWL studiert, war ein Einzelgänger, heißt es, sensibel, naturverbunden und bescheiden und las gern Tolstoi und Dostojewski.

Als der mit seiner Band bombig ankommt, spielt ihm die Plattenfirma 1966 den Titel »Ganz in Weiß« vor und er sagt: »Den Scheiß singe ich nicht.«

Singt er aber eben doch. Und statt zu tun, was sein Herz ihm sagt, wird er zu der traurigen Schlagerfigur und dem Typen am Wörthersee. Da hat er was sicheres, was anderes kann er ja immer noch machen …

Der Rest ist Alkohol, Valium und Depression, körperlicher Zusammenbruch und der Tod in einer Fischerhütte. Schlimm, oder?

Da ist alles drin, was wir wissen und nicht beherzigen:

- Geld macht nicht glücklich.

- Erfolg macht nicht glücklich.
- Man muss das tun, was das Herz will.

»Tragisch« war, glaube ich, das meistverwendete Wort, als über das Leben und den Tod von diesem Mann berichtet wurde.

Aufgrund dieser tragischen Geschichte und der Erkenntnis, die man daraus ziehen kann, kündigten damals tausende Menschen ihren Job, um endlich das zu tun, was sie schon immer wollten, sich aber nie getraut haben – nicht.

Ich auch nicht. Stattdessen war ich und bin ich immer noch für die Agentur tätig und überlege, wie man überflüssige Produkte an den Mann und die Frau bringen kann. Gut, inzwischen freiberuflich und viel von zu Hause aus, aber das schon seit vielen Jahren. Es ist »was sicheres«, mein Standbein und es hat mich gut durchgebracht. Es war der erste Job nach einer langen Karriere in Kneipen und Discotheken. Ich konnte dank der Agentur nebenher anfangen, Bücher zu schreiben, ein Kind bekommen und es war nicht alles schrecklich: die Agentur schmeißt die besten Feste diesseits des Mississippi. Zu Beginn war das alles sehr aufregend. Allein die Tatsache, dass die Agentur mich genommen hat, ließ mich tagelang mit Konfetti schmeißen. Ich hatte schließlich keinen Abschluss in nichts und meine beruflichen Qualifikationen zu diesem Zeitpunkt beschränkten sich auf:

- vier Weißbier gleichzeitig einschenken,
- ein Tablett über dem Kopf durch eine tanzende Menge lavieren,
- die Avancen betrunkener Gäste konfliktfrei abwenden.

Das ist zwar toll, aber bewerben Sie sich damit mal irgendwo …

Dass sie mich trotzdem genommen haben, zeugt von etwas Überzeugungskunst meinerseits und großer Personalnot auf Agenturseite. Die Anfangszeit war aufregend – für alle Beteiligten. Ich versuchte, mir nicht anmerken zu lassen, dass ich von nichts eine Ahnung hatte, morgens einigermaßen gebügelt auszusehen und herauszufinden, was für eine Markierung auf einer Bank meine Kollegen meinen, wenn sie von einer »Benchmark« redeten.

Mein Chef wiederum versuchte, mich möglichst schnell in mein neues Arbeitsfeld zu integrieren – um nicht wie ein Vollidiot dazustehen, weil er die ahnungslose Dunkelhaarige eingestellt hatte. Soweit hat das alles auch ganz gut hingehauen und bereut haben wir es beide nicht. Lange nicht. Wenn man in eine neue Welt platzt, gibt es so viele »erste Male«, dass es lange aufregend bleibt:

Das erste Mal einen Job selbst abgeben, ohne dass jemand das nochmal durchsieht, zum Beispiel. Das erste Mal dem Kunden selbst ein Konzept vorstellen und sich dabei vor Aufregung beinahe in die Hose pinkeln und das erste Mal Glückwünsche bekommen, weil man etwas ganz grandios hinbekommen hat. Das erste Mal Gehaltserhöhung und das erste Mal um Rat gefragt werden und dann das erste Mal nicht mehr die Neue sein – weil jemand anders »die Neue« ist. Aber eben auch: die erste Weihnachtsfeier, das erste Grauen, ob man da jetzt immer hin muss, das erste Mal etwas verhauen, Gehaltserhöhung fordern müssen und die ersten Kollegen, die man aus dem Stand hassen kann. Wenn dann irgendwann Routine einkehrt, wenn man auf der Damentoilette sein »Stammklo« hat, die Arbeitskollegin zur Freundin geworden ist und die anderen »deine« Bürotasse tunlichst nicht benutzen, dann ist man irgendwann an einem Punkt, an dem einem dieser Job nun Spaß macht – zumindest größtenteils – oder nicht. Mein Job hat mir jahrelang großen Spaß gemacht. Das Praktische an so einer Werbeagentur ist ja, dass es permanent um neue Sachen geht. Sie erfahren zum Beispiel zwei Monate lang alles, aber auch wirklich ALLES, was es zum Thema Motoröle zu wissen gibt, um dann übergangslos in totalen Stress zu geraten, weil Sie für eine Biermarke einen Dreimastsegler auf einem der Weltmeere auftreiben müssen. Das ist abwechslungsreich, keine Frage, zumindest deutlich abwechslungsreicher als viele andere Jobs, an die man so geraten kann. Aber irgendwann in diesen vielen Jahren zwischen Motorölen und Segelbooten und noch einer Million anderer Dinge haben sich die Gründe geändert, warum ich mich immer noch für die absurdesten Dinge ins Zeug lege.

Grund früher:
Ich will das unbedingt machen!

Grund heute:
Da hab ich was sicheres ...

(... ganz abgesehen von dem nicht unerheblichen Grund *Ich brauche die Asche*!)

Was früher mal ein guter Grund war, muss es eben nicht immer noch sein – und wenn es früher ein schlechter Grund war, dann ist er das allerhöchstwahrscheinlich immer noch.

Was gibt es nicht alles für Gründe, einen bestimmten Beruf zu ergreifen:

- Da kann man gut Karriere machen.
  Das ist so ein Grund, mit dem Eltern auch immer ganz froh sind. Die Sprösslinge studieren dann BWL, tragen beschissene Klamotten, lernen vor Prüfungen 200 Seiten auswendig und können Business-Englisch. Die Mehrzahl der Berufe, unter deren Namen sich kein Mensch etwas vorstellen kann, entspringt dem BWL-Studium.

- Gutes Einkommen
  Dieser Grund geht ja oft Hand in Hand mit dem obigen, führt aber auch zu vielen Zahnärzten und IT-Spezialisten.

- Unkündbarkeit
  Allein ich kenne fünf Leute, die aus diesem Grund Lehrer geworden sind. Fünf! Was treibt dich, nach dem Abi mit 17 an die Unkündbarkeit zu denken? Und dann ist das ja auch noch so eine Fußfessel »für immer«. Selbst, wenn du als Beamter feststellst, das, was du machst, liegt dir nicht. Überhaupt nicht. Dann ist es doch noch tausendmal schwerer, in den Sack zu hauen, als für alle, deren Job keine Unkündbarkeitsklausel enthält! Da gibst du nicht nur die Sicherheit auf, du trittst ihr auch noch von hinten in den Hintern. Das machst du nicht – und sitzt dann lieber scheiße gelaunt auf dem Amt und tyrannisierst bittstellende Bürger oder Schüler …

Verstehen Sie mich nicht falsch, es gibt jede Menge BWLer, Zahnärzte und Lehrer, die eine ganz großartige Wahl getroffen haben, eine, mit der sie zufrieden sind und die sie glücklich macht. Die geben dann aber in den seltensten Fällen einen der oben genannten Gründe an, sondern den anderen: *Weil ich das unbedingt machen wollte.* Ebenfalls fallen aus dieser Rechnung alle die, die egal welchen Job annehmen (müssen), weil sie sonst keinen kriegen.

Es ist sogar ziemlich wahrscheinlich, dass man irgendwann in diesem Leben an einem Punkt ankommt, an dem man gern etwas anderes machen möchte, als das, was man jetzt tut – und zwar mindestens einmal. Ich bitte Sie. Wenn man mit 17 seinen Abschluss macht, wie soll man denn da wissen, was man mal werden möchte? Warum verlangt man das von den Leuten? Da kann man noch nicht mal den Mietvertrag für die WG unterschreiben! Mit 17 will dich doch niemand haben, nicht mal die Wirtschaft. Da machen die vielleicht noch ein soziales Jahr – wo man sich auch fragt, was das dann für Jahre davor gewesen sind – und dann müssen sie auch schon Entscheidungen treffen. Wer sich an der Stelle nicht sicher ist, weil sich der einzig vernünftige Grund: *Das will ich unbedingt machen!* noch nicht herauskristallisiert hat, der benutzt eben einen der obigen Gründe. Oder:

- Da bekomme ich leicht einen Arbeits-/ Ausbildungs-/ Studienplatz.
- Das macht mein Kumpel Dingsbums auch und dem gefällt's.
- Damit kann ich mal ins Ausland.
- Hauptsache irgendwas.

Und da steht man dann mit Mitte 30, 40 oder 50 und denkt sich: also irgendwie würde ich gern was anderes machen. Und wenn man das noch nicht jeden Tag denkt, sondern nur ab und zu, hängt man noch einen von diesen Sätzen dran, die einem die inneren Stimmen vorschlagen:

- Aber das ist unmöglich.
- Dafür bin ich zu alt / dafür ist es zu spät.
- Das ist zu riskant.
- Und der schlimmste von allen: … und was, wenn es nicht klappt?

Solange man nur ab und zu die Augen verdreht, weil der Chef schon wieder Dings oder der Kunde schon wieder Bums, weil Montag ist und die Neue »deine« Bürotasse benutzt, ist das auch alles kein Problem. Aber es kann eins werden. Denn manchmal verwandelt sich das in etwas Dringliches, in ein Gefühl, das Formulierungen benutzt wie:

Ich will endlich oder *Ich will endlich nicht mehr* und *Ich will nicht mein ganzes Leben lang* … . Dann wird es unter Umständen bitter.

L., der immer einmal mutiger ist als ich, hat diesen Schritt gemacht vor einiger Zeit. Bei dem hatte die *Ich will endlich nicht mehr* -Phase eingesetzt, als er in der Redaktion einer Frauenzeitschrift gelandet ist. Zwar hat er vorher schon als freiberuflicher Werbetexter und Autor gemault, was das Zeug hielt, und geschworen: »Wenn ich nochmal *Nachhaltigkeit* schreiben muss, kotze ich«, aber er hat es dann eben doch geschrieben, ganz ohne kotzen. Der Sprung zur Frauenzeitschrift war der Versuch, bei dem zu bleiben, was er kann (schreiben), aber auf einem anderen Gebiet und das ging komplett in die Hose. Denn statt dauernd »Nachhaltigkeit« zu schreiben, musste er sich nun mit anderen interessanten Themen beschäftigen wie Low-Carb, Flechtfrisuren und »Er will nicht mit mir zusammenziehen. – Was soll ich tun?«

Das ging – Überraschung – nicht lange gut. Gleichzeitig trug er schon jahrelang einen kleinen Traum mit sich herum, der ihm immer wieder in den Sinn kam und der aus einem kleinen Café bestand, mit einer überschaubar großen Küche, in der L. stehen könnte, um endlich das zu tun, was er am liebsten macht, nämlich Leute bekochen. Man verzeihe mir, dass ich diesen Traum lange nicht ernst genommen habe, ich fand die Idee voll und ganz absurd. So absurd, wie ein Delfinarium aufmachen zu wollen, ungefähr. Trotzdem kam immer wieder die Sprache drauf, und das in immer kürzeren Abständen, bis sogar ich verstand: Zwar finde ich persönlich alles, was mit Kochen zu tun hat, völlig absurd, L. aber nicht. Genauso wie die Idee mit dem Delfinarium für einen Delfinarium-Experten nicht absurd wäre. Und irgendwann war es dann soweit. Wir sprachen ernsthaft darüber, nicht im Sinn von *wie alles am schönsten wäre* und *was L. gern kochen würde*, sondern im Sinn von Zahlen und Fakten. Theoretisch war ziemlich schnell alles klar. L. sprach daraufhin mit der Bank und sah sich nach geeigneten Räumlichkeiten um. Bis zu diesem Punkt war ich noch voll dabei und plante mit. Als L. dann aber tatsächlich ein Lokal gefunden hatte, das in allem genau dem entsprach, was er sich vorgestellt hatte, erschrak ich zu Tode. Der wollte wirklich Ernst machen! Auf diese Erkenntnis folgten verschiedene Dinge:

- In meinem Hirn ging eine Art Alarm los.
- Mein Magen zog sich zusammen.
- Meine innere Stimme murmelte unablässig: »Oh mein Gott, oh mein Gott, oh mein Gott …«

Im Gegensatz zu L., der immer fröhlicher und euphorischer wurde, fing ich plötzlich an, all die Sätze zu sagen, die mir im Angesicht einer großen Veränderung sofort einfallen:

1. Bist du dafür nicht zu alt?
2. Ist das nicht doch zu riskant?
3. Und der schlimmste von allen: … und was, wenn es nicht klappt?

Und so gingen die Diskussionen wieder von vorne los, immer mit dem gleichen Ergebnis: die Finanzierung war gesichert, die Prognosen standen gut, das Angebot war hervorragend, L. würde es glücklich machen, das Risiko war gering – und trotzdem, nachdem all das wieder durchgekaut war, kam ich wieder mit den Sätzen 1, 2 und 3. L. wurde fast wahnsinnig und dann – hat er es einfach gemacht. Während ich durchdrehte vor Angst, unterschrieb L. alle Verträge, begann die alten Tapeten von den Wänden zu reißen, mit den Brauereien zu verhandeln und stellte eine Speisekarte zusammen. L. tat genau das, was sein Herz ihm sagte und das bewirkte einen krassen Wandel, der direkt vor meinen Augen stattfand:

L. hatte plötzlich mehr Energie, er strahlte und war permanent enervierend gut gelaunt. Er stand morgens pfeifend auf und während ich noch halb blind in die Küche tapste, hatte L. schon Kaffee, Orangensaft und das Frühstück für das Kind bereitet. Er sah besser aus, ungefähr zehn Jahre jünger, und er war voller Wohlwollen allen Menschen gegenüber, sogar unserem Nachbarn. Als L. eines Morgens die Treppen runtersprang und der unsäglich verhasste Nachbar gerade die Wohnungstüre hinter sich zuzog, schmettert L. »Einen wunderschönen Tag!« und zack war er vorbei. Der Nachbar sah erschrocken zu mir hinauf, aber ich konnte auch nur mit den Schultern zucken – so ist nun mal jemand, der glücklich ist.

Die Entscheidung stellte sich binnen Kurzem als goldrichtig heraus, alles kam ganz genauso, wie sich L. das ausgemalt hatte, und der Laden läuft bombig.

Wenn Sie so einen Sonnenschein zu Hause sitzen haben, fühlt sich die eigene Unzufriedenheit gleich noch ein bisschen mehr scheiße an. Mehr als einmal habe ich mir sogar gedacht, es wäre schön, wenn L. mal für einen Moment aufhören könnte, über beide Ohren zu grinsen. Gemein, was.

Seine anfängliche Euphorie hat inzwischen etwas nachgelassen und mutiert nun zu einer heiteren Gelassenheit. »Er lächelt wie so ein buddhistischer Mönch«, sinniert Anne und ich verdrehe die Augen. »Ja, es ist vollkommen unerträglich.«

Anne grinst in sich hinein, »Wie läuft es in der Agentur?«, und ich verdrehe die Augen noch mehr. Nachdem ich mich minutenlang ausgelassen habe über alles und jeden, das Prinzip Werbung an sich, diese Agentur im Besonderen und die Sinnlosigkeit aller Dinge, die dort passieren, meldet sich Anne wie früher in der Schule, indem sie eine Hand hebt und mit den Fingern schnipst. »Was?«, frage ich sie und Anne, meine schlaue Anne, sagt: »Wenn du noch ein Jahr zu leben hättest ...«. Danach ist Ruhe im Karton. Sie hat ja so Recht.

Der Entschluss, die Agentur zu verlassen ist relativ schnell gefasst, alles spricht dafür und nur kurz überkommt mich ein Schauer – schließlich würde ich eine Konstante in meinem Leben verlieren, mit der ich nun schon länger gemeinsam durchs Leben ging als mit L. Zu meinem Leidwesen bricht mein Chef nicht in Tränen aus, die Kollegen sind nicht übermäßig überrascht, nur meine beste Kollegin Drösel droht mit einem Sprung vom Fernsehturm, lässt sich aber zügig beruhigen. Eines schönen Freitags gehe ich also mit Torte und viel Sekt in die Agentur, es gibt Blumen und Dankesworte und mit steigendem Sektkonsum emotionale Abschiedswünsche und dann sitze ich irgendwann mit einem Schwips zu Hause. Auf dem Tisch stehen die Blumen, es ist still in der Wohnung und auf meiner Bluse befinden sich Spuren von Torte. Als L. nach Hause kommt, sitze ich da immer noch. »Hey, was ist denn hier los?«, sieht er mich erstaunt an und nimmt mich in die Arme.

»Dobby is a free elf now«, zitiere ich und lege den Kopf an seine Schulter. »Dobby sieht mir aber gar nicht sehr glücklich aus«, stellt L. fest und drückt mich an sich. Verdammt, nein. Ich bin nicht annähernd glücklich, kein Hochgefühl, keine Euphorie, das Herz schlägt völlig normal und von dieser buddhistischen Mönchs-Seligkeit bin ich Welten entfernt. »Vielleicht war das gar nicht eine Herzensangelegenheit«, überlegt L. laut und hat jetzt auch Torte auf seinem Hemd. »Mehr eine Vernunftssache.«

Und damit hat er Recht.

Es reicht nicht, sich gegen etwas zu entscheiden, das man nicht will. Man muss sich FÜR etwas entscheiden, das das Herz will.

»Was wäre das?«, fragt Anne an unserem nächsten Abend im Café Einstein und ich überlege. Doch noch Hebamme werden? Einen Blumenladen eröffnen?

»Wie wäre es mit einem Kurs für kreatives Schreiben? Würdest du gern Kurse geben?«, schlägt Anne vor, was schön klingt, aber bei all diesen Vorschlägen und auch allen weiteren, schlägt mein Herz nicht schneller.

»Wolltest du nicht mal ein Bed & Breakfast eröffnen?«, wirft Jana in die Runde und sofort taucht dieses Bild in meinem Kopf auf: ein schönes, altes Haus, liebevoll hergerichtet, vor dem ich sitze und Campari Orange trinke.

BUMM-BUMM, BUMM-BUMM, da ist es, das Herz.

Aber das ist unmöglich, fällt mir da ein, dafür bin ich zu alt und es wäre wahnsinnig riskant und überhaupt: … was, wenn es nicht klappt?

KIND(ER) UND ZEIT

Wenn ich noch ein Jahr zu leben hätte – den Gedanken können Sie als Mutter oder Vater ja fast nicht aushalten. Ich auch nicht. Allein die Vorstellung, ich müsste mein Kind zurücklassen, treibt mir die Tränen in die Augen. Und zwar nicht wegen mir, sondern wegen dem Kind, das mit dem Verlust zurechtkommen müsste.

Wenn ich noch ein Jahr zu leben hätte. So weit müssen Sie auch gar nicht mal gehen. Denken Sie nur an diese Grafik mit den 90 Sternen, von denen jedes ein Lebensjahr ist. Die paar Sterne, in denen Ihr Kind noch Kind ist und bei Ihnen lebt, sind es, auf die wir später wehmütig zurückblicken, wenn die Gören einmal die Woche anrufen und auch das nur unregelmäßig. Eben noch fluchen Sie, weil Sie schon wieder auf einen Legostein getreten sind, die Playmobil-Ritterburg den Weg zur Kommode versperrt und generell die Wohnung mit bunten Dingen aus Plastik gesprenkelt ist, die kleine Kinder anscheinend kontinuierlich und wie eine Fontäne um sich versprühen. Und irgendwann ist das alles weg. Während Sie immer noch vorsichtig einen Fuß vor den anderen setzen, merken Sie, das ist gar nicht mehr nötig. Die Kommode ist 1A zu erreichen, keine kleinen Autos und Puppenkleider liegen mehr herum, kein Lego, kein einziger popeliger Playmobil-Ritter ist mehr übrig. Das Kind schreit nicht mehr hundert Mal am Tag »Mamiiii!«, sondern, wenn Sie mit ihm sprechen wollen, müssen Sie eine Audienz beantragen und an die Zimmertüre klopfen. Falls es überhaupt noch da ist.

Wie schnell die Zeit vergeht, merkt man am Anfang noch recht deutlich. Eben noch hält man ein kleines Baby im Arm, mit diesen winzigen Füßchen und diesen zerbrechlichen Fingern und staunt, dass es so etwas geben kann und dann, fast über Nacht, tauscht jemand dieses Baby aus und Sie haben ein Kleinkind. Das Kleinkind ist toll und es kann schon viel mehr Sachen und die Freude ist groß über dieses Kleinkind – aber das Baby ist weg. Kurze Zeit darauf nimmt Ihnen jemand das Kleinkind und Sie haben dafür ein Kindergartenkind am Tisch sitzen. Und so geht das weiter und immer wieder nimmt Ihnen jemand das, was Sie haben und lieben, weg, und dann ist da etwas Neues, das Sie genauso lieben und noch mehr. Obwohl das alles vor unseren Augen passiert, versinken wir zwischendurch in Müdigkeit, Stress, Geschrei und ersten Zähnen, Trotzphasen und Diskussionen, um dann im Nachhinein die Fotos anzusehen und zu seufzen, wie schnell die Zeit vergeht.

Immer, wenn mir das bewusst wird – und die Idee, dass ich bald das Zeitliche segne potenziert das – habe ich das

Bedürfnis, mit dem Kind schöne Dinge zu erleben. Dinge, an die wir uns gern und oft erinnern, um die geht es doch schließlich, oder?

Aber wenn ich daran denke, dass ich mit dem Kind Erinnerungen schaffen will, fällt mir der letzte Tag am Strand ein:

L. und ich schleppten uns über die Dünen, L. bepackt mit Sonnenschirm, Kühlbox, Strandspielzeug und Handtüchern und ich an einer Hand den Buggy hinter mir herziehend, an der anderen das plärrende Kind (*»Ich will aber nicht! Ich will ein Eis!«*). Auf halbem Weg kam uns ein älteres Ehepaar entgegen. Die beiden waren an die siebzig, sie hielten Händchen und als sie uns sahen, sagte sie zu ihm: »Das waren schöne Zeiten, erinnerst du dich?« Ich war so verdutzt, ich habe glatt vergessen, den Buggy weiter durch den Sand zu ziehen.

Als wir später auf unseren Handtüchern sitzen und das Kind mit der Schaufel Richtung Neuseeland buddelt, gucke ich aufs Meer. Diese scheinbare Unendlichkeit lenkt den Blick hinaus und zieht die Gedanken weit fort. Unendlichkeit – vielleicht fühlt man sich am Meer deshalb so frei. Es ist aber nicht unendlich, es scheint nur so. So wie das Leben in jedem Moment unendlich scheint und wir dem Moment deswegen keine Wichtigkeit einräumen.

Wie oft habe ich das Kind nicht beachtet, Schönheit nicht gesehen und einer Freundin nicht zugehört, weil ich glaubte, dass ich das jederzeit tun kann. Auf wie viel verzichtet man, nur, weil es selbstverständlich erscheint? Weil man meint, es wäre immer da?

Wenn ich jetzt hier im Strand ein Foto mache und es später einmal ansehe, was wird mir in Erinnerung bleiben von diesem Tag am Strand? Die lange Autofahrt, das Geschleppe, *Ich will aber ein Eis!* und wie stressig es ist, einen Buggy durch den Sand zu ziehen? Einen schönen Moment zu planen, genügt nicht – im Gegenteil. Die Vorstellung davon, wie es sein sollte, verhindert, den Augenblick zu sehen. Ich habe zwar in bester Absicht die Weichen gestellt:

Tag am Strand

Aber das Ziel hat mir verhagelt:

- *Morgens mit L. und dem Kind zu der Musik aus dem Radio zu performen, denn wir müssen los.*
- *Auf der Fahrt anzuhalten, um ein paar freundliche Esel auf einer Weide zu streicheln, denn wir wollen ankommen.*
- *Mit L. und dem Kind vor dem Kiosk auf dem Bürgersteig zu sitzen und ein Eis zu essen*
- *… und wie das Gesicht des Kindes danach aussieht.*

- *Mir von dem Kioskbetreiber erzählen zu lassen, wie es hier in seiner Kindheit ausgesehen hat.*

- *Auf dem Weg vom Parkplatz die Ameisenstraße zu verfolgen, die das Kind entdeckt hat.*

- ....

Und da sitze ich dann auf dem Handtuch und wundere mich, dass ich nicht entspannt bin – obwohl ich doch endlich da bin! Vor lauter Planen und Ausführen habe ich vergessen, die Momente zu genießen. So geht es oft: Man hat ein Bild im Kopf, versucht, das hinzukriegen und wird dabei blind für die Schönheit des Augenblicks. Das ist wie bei dem Freund, der unbedingt zur Mandarinen-Erntezeit nach Valencia fahren wollte und schon ein Bild in seinem Kopf hatte davon, wie er auf einem Feld steht, Mandarinen pflückt und wie süß sie wären – und der dann enttäuscht war, dass das Feld nicht so aussah, wie er sich das vorgestellt hatte, und sie auch nicht so süß schmeckten. Und der dabei nicht bemerkte, dass gerade die Orangen blühten und betörend dufteten. Wenn ich demnächst sterbe, will ich nur noch gute Augenblicke haben, aus ihnen besteht schließlich das Leben.

Und wenn diese Augenblicke mit anderen Menschen zu tun haben, ist es auch nicht unwesentlich, auf diese Menschen einzugehen – und zwar in diesem Fall auf das Kind.

Meine Vorstellung von einem kostbaren Moment mit dem Kind deckt sich manchmal nicht im Geringsten mit der Vorstellung, die das Kind von einem kostbaren Moment mit mir hat. Und während ich versuche, auf Teufel komm raus noch Karten für dieses tolle Kindertheater zu bekommen, will das Kind nur mit mir zu Hause spielen. Natürlich hat es keine Ahnung, was es verpasst, es war noch nie im Theater und natürlich ist es oft angesagt, zu etwas zu ermuntern, zu zeigen und der anscheinend angeborenen Faulheit Beine zu machen. Aber oft auch eben nicht. Denn selbst, wenn ich ein Spaghetti-Eis in Aussicht stelle oder den Spielplatz, also Unternehmungen, die das Kind kennt und wirklich, wirklich gern mag, sagt es oft: Ich will lieber mit dir spielen. Und ich muss mir eingestehen, dass ich nicht selten etwas unternehmen will, weil ich beim Playmobilspielen manchmal aus Langeweile fast einschlafe (Mama! Nicht die Augen zumachen!). Das ist die eigentliche Herausforderung – nicht, möglichst fantastische Unternehmungen zu machen. Dem Kind war es egal, wo es nach Neuseeland buddelt, Hauptsache, jemand buddelt mit und hat Spaß und ist bei der Sache. Ich versuche, auf den Herzenswunsch des Kindes einzugehen und mehr zu spielen. Und zwar nicht mit den Gedanken bei anderen Dingen, sondern nur beim Spiel. Dann macht es nämlich auch mehr Spaß – uns beiden: »Mama«, sagt der Vierjährige mitten im Spiel und sieht mich ernst an, »du spielst echt gut.« Und das ist so ein Augenblick, den ich meine.

Das Kind hat außerdem noch einen ganz konkreten Einfluss auf die Momente, die ich mehr in meinem Leben haben möchte:

So reizend es ist (wahnsinnig reizend, wirklich), trägt es durch seine pure Existenz dazu bei, dass viele meiner Momente mit einem riesigen Haufen Stress zugemüllt sind. Ich gebe dem Kind da keinerlei Schuld, es kann nichts dafür und ich habe obendrein noch ein äußerst pflegeleichtes Exemplar abbekommen – der Haufen Stress wird einfach mitgeliefert, ganz automatisch und ohne, dass man ihn extra dazu bestellt hätte. Gleichzeitig verlagert sich die Aufmerksamkeit auf einen Punkt außerhalb des Selbst: nämlich auf das Kind. In der Schwangerschaft ist man zunächst noch permanent damit beschäftigt, auf sich selbst achtzugeben, auf jeden Wink des Körpers zu hören (und das fünfte Stracciatella-Eis zu bestellen, wenn er es so verlangt) und auch die Umgebung und besonders der Partner zentriert sich rund um den eigenen Bauch und das eigene Wohlbefinden. Man ist im wahrsten Sinne der Nabel der Welt und kann sich vorkommen, als wäre man die erste Frau auf der ganzen Welt, die dieses unglaubliche Wunder vollbringt. Ab dem Zeitpunkt der Geburt verlagert sich diese geballte Aufmerksamkeit auf das Bündel Mensch, das man da geboren hat und das ist auch gar nicht schlimm. Die eigene Aufmerksamkeit ist da ja auch. Und vor allem: da bleibt sie erst mal.

Das eigene Befinden meldet sich nur kurz, aber dann heftig wie ein Alarm, um auf entzündete Brustwarzen oder eklatanten Schlafmangel hinzuweisen. Alles andere ist auf das Kind gerichtet, zumindest, wenn alles gut läuft. Ängste, Liebe, Stolz, Verzweiflung, all das hat jetzt mit dem Kind zu tun, mit dem, wie es ist, und mit dem, was es macht – oder nicht macht. Ich weiß noch genau, als eines Morgens, ein paar Wochen nach der Geburt des Kindes, Jana zu Besuch war. Sie und L. betüddelten das Baby und als es darum ging, wer zu der Konditorei fährt, um zur Feier des Tages Kuchen für alle zu besorgen, meldete ich mich freiwillig. Es war ein schöner Frühlingstag, ich fuhr mit offenem Fenster und aus dem Radio kam bombige Musik. Und während der Wind meine Haare zerzauste, spürte ich mich das erste Mal wieder selbst.

Es war das erste Mal seit der Geburt des Kindes, dass ich für einen Moment nicht darum bemüht war, das Überleben der Brut zu sichern oder in irgendeiner Form zu »funktionieren«. Funktionieren im Sinne von Nahrungsaufnahme oder Wäsche abhängen, Mails zu beantworten oder gar zu duschen. Dieser Moment war nur für mich. Der Genuss hielt an bis ich aus der Konditorei herauskam, dann war ich in Gedanken schon wieder zu Hause, hatte ein schlechtes Gewissen, ob das Kind nicht schon wieder gestillt werden müsste und ob wohl alles in Ordnung wäre. Auf der Fahrt nach Hause war die Sonne egal, die Musik hörte ich nicht und ich versuchte nur, heil und schnell anzukommen.

Je länger ich dieses Kind dann hatte, desto besser wurde es. Nachdem Zeit so ein seltenes Gut geworden war – vor allem Zeit, in denen das Kind schlief, ich aber nicht – hieß es, diese Zeitfenster gut zu nutzen und ich wurde ein echter Profi darin.

Inzwischen ist das Kind vier und in vielem selbstständiger und die Zeit, in der ich nicht dafür sorgen muss, dass es überlebt, ist deutlich mehr geworden – im Prinzip. Auch das mit dem Duschen hat sich deutlich verbessert. Trotzdem … All die Zeit, die ich dazugewann, wurde sofort mit anderen Dingen gefüllt. Das Kind geht in den Kindergarten, also wird in diesen Stunden gearbeitet. Es spielt auch mal allein vor sich hin: super! Da kann ich ja noch schnell Dings und Bums erledigen! Weil ich insgesamt weniger Zeit hatte, wurde jede verfügbare Minute mit all dem gefüllt, was eben so getan werden musste. Ich schaufelte sogar manchmal dank Oma, Anne oder einem Babysitter einen Abend frei, um mit L. etwas zu unternehmen. Essen gehen, irgendeine Aufführung, Kino, eine Lesung, was auch immer – schließlich hieß es von allen Seiten, man dürfe sich als Paar nicht verlieren, wenn man erst mal zu Eltern mutiert war.

Diese Abende zu zweit hätten wir uns weitgehend schenken können. Ich kann nicht auf Knopfdruck und zwei Wochen im Voraus geplant, von acht bis halb zwölf Spaß haben. Vielleicht war es zufällig ein anstrengender Tag und ich will an dem Abend gern zu Hause bleiben! Oder, noch doofer: Just an diesem Tag gehen L. und ich uns so richtig auf die Nerven! Da sitzen Sie mit einer Fresse beim Griechen um die Ecke, dass der den Ouzo lieber schon vor dem Essen bringt. Und zwar doppelte … Jedenfalls:

Halten Sie mich ruhig für bescheuert, aber ich kam die letzten Jahre überhaupt nicht drauf, Zeit für mich zu planen oder zu organisieren. Es ist mir einfach nicht eingefallen – wo doch so viel erledigt werden muss und so wenig Zeit zur Verfügung ist.

Das Einzige, das ich mir zugestand, waren die Abende mit den Damen im Café Einstein, denn zum einen schlief da das Kind und L. musste nur zu Hause bleiben – was er eh meistens tat – und außerdem wäre nicht hinzugehen undenkbar gewesen. Irgendwie meinte ich, damit wäre mir ja genüge getan – und hatte mich gründlich geirrt.

Wie gründlich, merkte ich erst, als L. auf Geschäftsreise war und die zuständige Oma das Kind für ein Wochenende zu sich holte. Kaum war die Oma mit dem Kind aus der Tür, fing ich damit an sauberzumachen (auch mal an Stellen, die man nicht sieht), Mails zu beantworten, Wäsche zu waschen, Papiere zu sortieren und die Spielsachen, die sich in der Wohnung verbreiten, als würde das Kind sie wie ein Mixer ohne Deckel in allen Zimmern verteilen, ins Kinderzimmer zurück zu schaffen. Fix und alle sank ich am Abend aufs Sofa, ließ das Abendessen ausfallen und dachte mir: perfekt – da kannst du ja morgen noch Klamotten ausmisten, die Steuererklärung vorbereiten und den neuen Drucker installieren …

Am nächsten Morgen hatte ich glücklicherweise Kopfschmerzen.

Ich blieb also im Bett und angelte nach dem Laptop, ein bisschen könnte ich ja noch Nachrichten lesen bis diese doofen Kopfschmerzen vorüber waren. Irgendwann waren die Kopfschmerzen weg und ich dachte mir, wo es gerade so gemütlich war, könnte ich mir ja einen Kaffee ans Bett holen. Und da lag ich dann und staunte – wie lange hatte ich das nicht gemacht, bitte?

Aus diesem Gedanken wurde der beste Tag seit Langem. Draußen schüttete es in Strömen und statt Klamotten auszumisten, die Steuererklärung vorzubereiten und den neuen Drucker zu installieren, zog ich um aufs Sofa, verschwand unter der Decke, hörte Musik und las die erste Hälfte dieses tollen Buches, das seit einem Jahr ungeöffnet im Regal lag. Als am Abend erst L. und dann das Kind nach Hause kommen, begrüße ich sie freudestrahlend und tiefenentspannt.

»Was ist denn mit dir los?«, bemerkt L. zunächst und dann genießen beide sofort die schöne Stimmung.

Wenn ich nur noch ein Jahr zu leben hätte, würde ich mehr gute Bücher lesen. Ich würde mehr Musik hören, die mein Herz berührt, und das Gesicht öfter in die Sonne halten. Innehalten. Wenn ich noch ein Jahr zu leben hätte, würde ich auf schöne Momente zurückblicken wollen. Entspannte Momente mit dem Kind, mit L., mit meinen Lieben – aber eben auch auf schöne Momente, die nur für mich da waren. Ich werde nicht an eine saubere Wohnung zurückdenken, an einen installierten Drucker und froh sein, dass ich noch meine Klamotten aussortiert habe.

»Ich brauche mehr Zeit«, eröffne ich L. an diesem Abend meine neue Erkenntnis.

»Du meinst, wir beide?«

»Nein. Ich meine nur ich.«

ZU ENDE BRINGEN

Wieder eine Beerdigung. Diesmal ist es niemand aus dem Leben der anderen, sondern aus meinem. Auch wenn sich das fast nicht so anfühlt, denn dieses Leben ist lange her. Mein Stiefvater ist gestorben. Ein Freund aus alten Zeiten, Hannes, hat mich angerufen. »Weißt du es schon?«, so beginnen oft Gespräche, die Ungutes mit sich bringen. »Nein, was denn?« Der Stiefvater ist tot. Gestorben an allem, was er im Leben gern hatte, zu viel Alkohol, zu viele Zigaretten, zu viel Essen und Arbeit, viel Arbeit. Er hat mich immer »Prinzess« genannt. Ich breche nicht zusammen, dazu ist es zu lange her, dass wir ein Leben geteilt haben. Ich war zehn oder elf, als sich meine Mutter und er verliebten und mit 16 zog ich zu Hause aus. Bald darauf, ich war Anfang zwanzig und wohnte in der nächstgrößeren Stadt, zog auch meine Mutter aus dem gemeinsamen Haus aus, es hat nicht geklappt mit den beiden.

All die Jahre, in denen ich nun schon weit weg bin, hat er mir immer zum Geburtstag geschrieben, kurz angebunden, meist betrunken, und ich habe mich immer gefreut.

Er war wie ein Relikt aus einer anderen Zeit, das man manchmal betrachtet und lächelnd entstaubt. In unseren gemeinsamen Jahren war er ein Verbündeter, wir schüttelten beide den Kopf über meine Mutter, wir lachten zusammen über alberne Witze und er war es, der mir die Hoffnung verlieh, dass man auch als Erwachsener noch Spaß haben könnte. Er liebte schnelle Autos und italienischen Wein, die Berge Piemonts, wo er ein kleines Haus hatte, und laute Musik. Er machte den Flugschein und sang »Volare« von den Gipsy Kings im Cockpit, sehr laut und sehr, sehr falsch. Er machte Geschäfte per Handschlag und Schulden bei der Bank und versuchte keine Sekunde lang, seinen Hedonismus als »Selfcare« darzustellen.

»Aber Geld macht nicht glücklich!«, schrie ich ihm bei einer Fahrt in seinem neuen Porsche in die Ohren und er öffnete das Verdeck, grinste und schrie zurück: »Nein, Prinzess – aber man kann sich eine Menge Dinge kaufen, die glücklich machen!«

Er liebte alles Schöne und das Beste war: Er trug sein Herz auf der Zunge. Was ihm nicht immer zum Vorteil gereichte – unvergessen ist der Tag, an dem ich nach der Schule in sein Architekturbüro kam und er gerade ins Telefon brüllte:

»Herr Bürgermeister, Sie Arschloch, Sie!«

Neben meiner angepassten, ängstlichen Mutter, die immer darum bemüht war, niemanden vor den Kopf zu stoßen, war er die leuchtende Figur meiner Jugend. Und ich hätte im Leben nicht den Motorradführerschein machen dürfen, wäre er nicht für mich in die Bresche gesprungen. Das Leben genießen, das konnte man von ihm lernen – wenn auch der übermäßige Genuss ihn just dieses gekostet hat, am Ende.

»Weißt du es schon?«, fragt also Hannes, mit dem ich mal ein Paar formte, kurzzeitig und vor über – 25 Jahren. Hannes arbeitete für den Stiefvater, damals, so haben wir uns kennenlernt. »Nein, was denn?«

Der Stiefvater ist tot.

»Kommst du?«, fragt Hannes – und er meint die Trauerfeier.

Ich sehe mich um, mit dem Telefonhörer in der Hand: Das Kind spielt mit L. Dinosaurier gegen Piraten auf dem Fußboden, im Hintergrund kochen die Kartoffeln auf dem Herd und im Vordergrund steht mein aufgeklappter Laptop auf dem Tisch – der Ort, wo alle meine Termine und angefangenen Arbeiten warten, dass ich mich endlich wieder setze.

Ganz ehrlich – dem Stiefvater macht es nichts aus, wenn ich nicht komme. Auch Hannes braucht meine Unterstützung nicht. Der zweiten Frau meines Stiefvaters wäre es womöglich nicht mal recht – ich kenne sie nicht, aber wer weiß? Wie ist das für sie, wenn die Tochter der »Ex« auftaucht? Und wie ist das für mich? Wie wäre es für meine Mutter? Denn dass die nicht kommt, ist klar. Die ist gerade mit einer Reha-Maßnahme ans Krankenhaus gefesselt …

Und noch ein unangenehmer Gedanke: Was würden wohl die alten Freunde des Stiefvaters denken? *Was will die hier – die ist ja in den ganzen Jahren nicht aufgetaucht?* Wenn ich noch ein Jahr zu leben hätte – und allmählich wird das wirklich anstrengend, dieser Gedanke – was würde ich tun?

Würde ich mich verpflichtet fühlen, dem Stiefvater gegenüber?

Nein.

Verpflichtet, meinem Freund Hannes gegenüber?

Nein.

Sollte ich aus irgendeinem Grund dorthin?

Nein.

Sagt das Herz *fahr hin*?

Ja.

Ist es irgendwie hinzubekommen, dorthin zu fahren?

Ja.

Ob es der zweiten Frau recht ist, was seine Freunde denken und wie meine Mutter es fände, wenn ich fahre– welchen Gefühlen entspringen diese Bedenken?

Unsicherheit und Angst.

Nie aus Angst entscheiden, immer mit dem Herzen, denke ich.

»Ja, ich komme«, höre ich mich ins Telefon sagen. Und es fühlt sich richtig an.

An dem grauen Mittwochnachmittag, an dem die Trauerfeier in einem Beerdigungsinstitut in meiner alten Heimatstadt stattfinden soll, laufe ich durch den Nieselregen eine sechsspurige Straße entlang und schlage den Mantelkragen hoch. Schon von Weitem sehe ich den flachen Betonbau, in den großen Schaufenstern Vorhänge, irgendeine lila Schrift und viele Trockenblumen. Tod zu Tod, da sind Beerdigungsinstitute ja konsequent.

Als ich näherkomme, sehe ich Hannes' Gestalt vor der Türe – der umsichtige Hannes, mit einem Regenschirm für den Kopf in der einen Hand und weißen Blumen für die Festivität in der anderen Hand. Es ist ein paar Jahre her, dass wir uns gesehen haben, was bei alten Freunden exakt ein paar Minuten entspricht. Ich hake mich unter. »Dann wollen wir mal«, lächelt er. Ja. Dann wollen wir mal.

Der Raum ist gestopft voll. Die Stuhlreihen sind besetzt, im Gang und an den Wänden drängen sich die Menschen, alle in ihren schwarzen und grauen Mänteln und in der Luft hängt die feuchte Luft, die sie mit hereingebracht haben. Hannes und ich stellen uns in eine Ecke. Vorne, wo es heller ist, steht ein Sarg, geschlossen, in einem Meer von Blumen. Unvorstellbar, dass der Stiefvater da drin liegen soll. Ich sehe mich um und entdecke bekannte Gesichter, ehemalige Bauherren, alte Freunde, Bekannte, Weggefährten. Wir sind alle älter geworden. Es wird still. Eine kleine, dunkelhaarige Frau steht auf und wird von einer zweiten neben den Sarg begleitet. Dort legt sie eine Blume nieder und dreht sich zu uns. Es ist Hanni, die Frau des Stiefvaters. Die Frau neben ihr, ihre beste Freundin, sie hat eine Hand auf Hannis Rücken gelegt. Es wäre in seinem Sinne gewesen, sagt sie, uns an die schönen Momente zu erinnern. Dass sie froh ist, dass wir alle da sind. Und dann kommen diese ganzen Menschen, einer nach dem anderen nach vorne, stellen sich vor den Sarg und sagen schöne Dinge. Was sie an ihm mochten, wobei er ihnen geholfen hat, was ihn so besonders gemacht hat und warum er ihnen wichtig war. Es wird geweint und Taschentücher werden gezückt und ich drücke Hannes' Arm ein bisschen fester. Gestandene Männer in Motorradjacken schüttelt es vor Schluchzen vor diesem Sarg und aus ihren Worten klingt auch ein bisschen Bewunderung für den Stiefvater. Die haben ihn wirklich geliebt, denke ich – Menschen wie ihn muss man einfach lieben. Wahrscheinlich, weil sie so sind wie man selbst wäre, wenn man weniger Angst hätte. Und natürlich ertönt, als es vorbei ist, ganz laut VOLARE:

Volare, oh oh
Cantare, oh oh oh
Nel blu dipinto di blu
Felice di stare lassu …

… und alle singen mit. Dann bin ich fertig mit der Welt und heule, was das Zeug hält.

Draußen vor der Türe beruhige ich mich wieder, Hannes reicht Taschentücher und hält den Schirm über uns und dann höre ich hinter mir eine Frauenstimme. »Schön, dass du da bist«, sagt sie, und die das sagt, ist Hanni, die Frau des Stiefvaters. Ich kann nur nicken und dann drückt sie mich und ich schließe sie sofort in mein Herz.

In dem Restaurant, in dem sich anschließend alle versammeln, um ein Glas auf den Stiefvater zu trinken, wird es genau so, wie es ihm gefallen hätte. Es wird getrunken und laut gelacht, geschwelgt und sein Leben gefeiert und einige der alten Freunde des Stiefvaters erstarren, als sie mich sehen. Allerdings nicht, weil sie denken, dass ich hier nicht hingehöre, sondern weil ich jetzt so alt bin wie damals meine Mutter, als sie sie kennenlernten und ich ihr wirklich ähnlich sehe. Am Ende bleibt ein harter Kern: Hanni, ihre Freundin, Hannes und ich. Wir erzählen uns Geschichten von früher, von heute und von seinen letzten Stunden. Trotz aller Traurigkeit ist es ein wunderschöner Abend und als L. mich am nächsten Tag zu Hause in Empfang nimmt und fragt, wie es mir geht, kann ich sagen, ich bin froh.

Die Todesanzeige mit dem Bild vom Stiefvater hängt an meiner großen Fotowand. Wenn mein Blick jetzt über diese Todesanzeige streift, bin ich nicht traurig, dass er gestorben ist, sondern die Erinnerung an diesen schönen Abschied wärmt mir das Herz. Man muss die Dinge gut zu Ende bringen.

Wochen später bekomme ich ein Foto: Hanni hat die Asche des Stiefvaters auf den Friedhof im italienischen

Piemont gebracht und die Nachbarn dort haben mitgeholfen, dass seine Urne an einen Platz gesetzt wird, von dem aus man sein Haus sehen kann. Wie soll man da nicht lächeln?

»Man muss die Dinge zu einem guten Ende bringen«, resümiere ich Tage später bei einem Glas Wein im Café Einstein und Jana nickt. »Ja«, findet sie, »dann kann man zufrieden damit abschließen. Ich hatte beim letzten Job so etwas, nichts Dramatisches, aber da wollte ich auch ein gutes Ende … », und dann erzählt sie, was ihr passiert ist:

Jana ist auch in der Werbung, so haben wir uns vor vielen Jahren kennengelernt. Sie arbeitet in der Produktion, das heißt, sie organisiert alles, was es für einen Werbefilm so braucht. Sie beantragt die Genehmigungen, macht das Casting, sucht die gewünschte Location, stellt ein Team und das Equipment zusammen, bucht das Catering und besorgt Hotelzimmer. Sie kümmert sich um alles und sie macht das sehr gut. Die Teams wechseln dabei von Job zu Job, auch wenn man inzwischen schon viele Gesichter öfter gesehen hat, und Jana kommt eigentlich immer mit allen gut klar, auch mit den originellen Exemplaren aus Gottes großem Zoo.

Bei ihrem letzten Job nun war ein ganz besonders originelles Exemplar dabei. Es handelte sich dabei um eine Stylistin, also jemanden, die sich um die Klamotten der Darsteller zu kümmern hat. Just diese Stylistin aber kümmerte sich vorrangig um maximales Drama, sie beschwerte sich über alles, brüllte ihre Assistentin in Grund und Boden, heulte hysterisch, weil die Kleiderbügel nicht die waren, die sie normalerweise benutzte, und fand generell das (4 Sterne) Hotel inklusive Personal, die Organisation und vermutlich auch das Leben an sich eine »Unverschämtheit«.

Jana behielt, trotz ihres teils italienischen Bluts und entsprechendem Temperament, bewunderungswürdig lange die Ruhe. Einfach, weil sie den Job komplikationslos hinter sich bringen möchte und jedweder Stress, auch der selbst gemachte von durchgeknallten Stylistinnen, diesem Ziel im Wege steht. Diesmal aber war es soweit. Nachdem ihr Geduldsfaden erst sehr lange gezogen wurde, ist er ihr schließlich bei der Sache mit den Kleiderbügeln gerissen. Schroffer als es ihre Art ist, hat sie auf die Möglichkeit hingewiesen, dass Auslöser (Kleiderbügel, falsche) und Reaktion (Anfall, hysterischer) eventuell nicht im richtigen Verhältnis stehen und dass das bisherige Auftreten der Stylistin generell wert sei, überdacht zu werden. Sie hat keine Schimpfwörter oder Tiernamen benutzt, keine Mutmaßungen bezüglich der genossenen Erziehung angestellt, sie hat sie nicht verwünscht oder ihr einfach eine in die Fresse gehauen – das alles hat sie nicht getan. Leider haben aber Menschen, die bei anderen so hemmungslos wild um sich schlagen, oft just sich selbst gegenüber eine Empfindlichkeit am Leibe, die einen staunen lässt. In diesem Fall führte das dazu, dass besagte Stylistin sich auf dem Damenklo des Hotels die Augen aus dem Kopf heulte und mit niemandem mehr sprechen wollte. Nicht mit Jana, die dort mehrfach zu Kreuze kroch, nicht mit ihrer Assistentin und mit der Kundin, ihrer Auftraggeberin, auch nicht.

»Ja nun«, zuckte Jana irgendwann mit den Schultern, und ging ins Bett. Am nächsten Morgen beim Frühstück im Hotel, würdigte die Stylistin Jana keines Blickes aus ihren rot verheulten Augen und benahm sich auch den restlichen Tag so, als hätte die ihr Erstgeborenes gefressen. Nachdem sich das mit der direkten Kommunikation ziemlich schwierig gestaltete, machte Jana ihr per WhatsApp das Angebot zu einem klärenden Gespräch, aber auch das klappte nicht: Sie müsste Janas »Ausbruch« erst einmal verdauen und könnte noch nicht darüber sprechen. Das wäre ja aller-, aber auch allerspätestens der Zeitpunkt gewesen, an dem ich die Augen verdreht hätte und mich mit einem gedanklichen »Gans, blöde« für immer abgewendet hätte.

Jana hat das nicht gemacht. Sie hat es am letzten Tag nochmal versucht mit einem Versöhnungsangebot und als die Gans, die blöde, zögerlich darauf einging, hat sie sie einfach in den Arm genommen.

»Was?« Ich kann es gar nicht glauben. »Wieso das denn?«, und darauf folgt ein Monolog meinerseits, dass einen doch wahrlich nicht die ganze Welt lieben muss, denn die einzige logische Erklärung für mich, warum Jana auf Teufel komm raus im Guten mit der Stylistin auseinandergehen will, ist der: Sie will, dass alle sie mögen. Umso größer ist meine Überraschung, als Jana in meinen schlauen Vortrag grätscht: »Ach, die Alte ist mir scheißegal.« Als ich sie etwas ratlos ansehe, erklärt sie: »Ich habe das nicht wegen ihr gemacht oder damit sie mich mag. Ich wollte die Sache für mich gut zum Abschluss bringen – es kommt nicht darauf an, was sie damit macht oder wie sie zu mir steht. Nur darauf, dass für mich damit der Käse gebissen ist. Es nagt dann nicht mehr an mir – verstehst du?« Und ja, das verstehe ich.

Notiz an mich:

Die Dinge (für mich) gut zu Ende bringen!

VERZEIHEN

»Die Dinge zu einem guten Ende zu bringen«, überlegt L. laut, als ich ihm davon erzähle, »heißt das nicht, dass man dann so Dalai-Lama-mäßig Güte und Vergebung verbreiten muss?«, und ich vermute, er spielt schon wieder auf die Sache mit den Strafzetteln an.

Aber er hat natürlich Recht. Verzeihen, vergeben – wenn ich am 15. Februar die Biege mache, will ich mich nicht mehr mit Altlasten beschwert wissen. So ein Groll, wenn man ihn mit sich herumträgt, wiegt ja doch einiges. Ich stelle mir das ungefähr so vor:

Der, der da hinten so keck drauf sitzt, das ist der Groll. Den kann man mit sich herumtragen, ihn gegen jemanden haben, man kann die sogar sammeln! Grolle gibt es in verschiedenen Größen und Ausführungen, aber eins haben sie immer gemeinsam: sie wiegen was. Das Schöne an diesem überaus dilettantischen Bild ist, dass man sofort sieht, wem es hilft, wenn man den Groll loswird: nämlich dem, der ihn mit sich herumträgt. Klingt ganz schön logisch und schlau, die Umsetzung ist aber in etwa, wie ein Soufflé zuzubereiten: viel, viel schwieriger als gedacht.

Grolle kommen von anhaltender Wut, die man nicht abbauen kann, heißt es.

Mit Vergebung haben die meisten schon mal zu tun gehabt. Es gibt drei Klassiker, die eigentlich allen schon mal über den Weg gelaufen sind und die dann irgendwie alle – oder eben auch irgendwie nicht – hinbekommen haben:

1. Vergebung, die etwas mit einem Freund / einer Freundin zu tun hat,

2. Vergebung, die etwas mit dem Partner zu tun hat,

3. Vergebung, die etwas mit den eigenen, unperfekten Eltern zu tun hat.

Allen dreien ist ja gemein, dass man irgendwann verstehen muss, dass leider kein Mensch auf der Welt fehlerfrei geliefert wird. Die Freunde nicht, Partner nicht, Eltern nicht und sogar, verdammt, man selbst nicht. Das ist schade und man kann sich darüber ärgern, aber so sind die Werkeinstellungen von Menschen nun mal. Ganz abgesehen von allem, was so einem Menschen auf dem Lebensweg alles passieren kann und ihn dabei noch etwas mehr verkorkst …

Ich brauchte für diesen ersten Schritt, *verstehen, dass leider kein Mensch auf der Welt fehlerfrei geliefert wird*, ziemlich lange und war regelmäßig regelrecht erschüttert und zutiefst gekränkt, wenn sich herausstellte, dass mein Gegenüber Defizite aufwies. Gerade so, als teilte sich die Welt in »gute« und »böse« Menschen: Wenn dann jemand, den ich zu »den Guten« zählte (so wie mich selbstverständlich), dann etwas Verletzendes tat oder sich arschig verhielt, erschrak ich und meinte zu erkennen, dass ich mich eben getäuscht hatte. War dann eben doch einer von den Bösen.

Mit den Jahren hat sich das Gott sei Dank zurechtgeschliffen so wie bei den meisten anderen auch, aber nicht bei allen. Ich treffe heute noch auf Leute, die genauso funktionieren. Da ist man eine Zeit lang die beste Freundin und wird mit Liebesbekundungen überhäuft, dass es fast schon ins Aufdringliche lappt, und dann passiert es. Man verhält sich nicht exakt so wie erwartet, enttäuscht eine Erwartung, wenn auch nur versehentlich, es unterläuft einem ein Lapsus oder man gibt durch eine andere Meinung oder eine Kritik zu verstehen: Wir sind nicht eins. Ich bin anders als du und vielleicht nicht genauso, wie du es gern hättest. BÄMM! Das alleine kann reichen, dass man die volle Härte der Ablehnung zu spüren bekommt:

- totaler Rückzug und
- Gekränktheit auf ewig, außerdem:
- Blockieren auf Facebook und WhatsApp, Twitter und all dem Zeug und bei denen, die zu dieser Schwäche auch noch neigen:
- Lästern was das Zeug hält.

Alles schon erlebt. Wie zu erwarten wechseln Menschen mit dieser Ausrichtung die Freundschaften recht häufig und falls Sie auf so jemanden treffen, nehmen Sie die Beine in die Hand, das geht nie gut aus.

Wenn bei einem selber aber alles einigermaßen in den richtigen Bahnen verläuft, wird man diesen Anspruch irgendwann los, dass sich das Gegenüber immer so verhält, wie man sich das vorstellt. (Mit zunehmendem Alter ist man ja schon froh, wenn man Gegenüber findet, die einem nicht sofort auf die Nerven gehen …)

Freunde veranstalten mitunter hirnverbrannte Dinge, sagen bescheuerte Sachen und haben auch mal Ansichten, dass man nur mit dem Kopf schütteln kann. Dann wird es lustig, weil man diskutiert und herumrudert und verschiedene Blickwinkel betrachtet und manchmal ändert einer seine Meinung und oft auch nicht – dann ist man sich eben einig, dass man sich nicht einig ist. Macht aber nix! Denken wir nur kurz an die liebe Anne! Anne glaubte eine Zeit lang, dass man sich von Licht ernähren kann! Zumindest bevor sie entkräftet zusammengebrochen ist und im Krankenhaus an den Tropf musste … Sie glaubt auch, dass sich in ihrem Wasser unsichtbare Energien befinden, die mittels Edelsteinen aufgeladen oder gereinigt oder sonst wie beeinflusst werden müssen, und von der Sache mit den Schutzengeln will ich gar nicht erst anfangen. Das alles und noch eine Million Dinge mehr glaubt Anne.

Ich hingegen halte diese Million Dinge für Bullshit. Weil Anne meine Freundin ist, verwende ich in dem Zusammenhang vor ihr das Wort »Bullshit« nicht. Ich will sie ja nicht kränken. Trotzdem weiß sie natürlich, wie ich zu all dem Esoterikkram stehe, und da wir uns gegenseitig respektieren mitsamt der jeweiligen Ansicht, klappt das wunderbar. Ich kann auch die Hummel liebhaben, auch wenn mir sein tuntiges Getue manchmal mordsmäßig auf die Nerven geht, und ich finde Janas Meinung, was die Rolle des »Schicksals« im Leben angeht, zumindest – abenteuerlich. Aber hey: Ich liebe diese Leute! Heiner Geißler hat angeblich mal gesagt: »Wenn ich meinen Hund liebe, muss ich nicht auch seine Flöhe lieben«, und das ist ein wahrhaft weiser Satz – ohne, dass ich meine Freunde mit Hunden vergleichen möchte.

Diese Handvoll Menschen liebe ich nicht, weil sie mir ein gutes Gefühl geben oder weil sie etwas für mich tun oder darstellen oder in mir auslösen, sondern weil sie so sind, wie sie sind. Das ist völlig selbstlos.

Und auch Leute, die man liebt, machen Fehler. Kein Ding. Sie können sich zum Beispiel zu fortgeschrittener Stunde und nach etwas Wein in einer hitzigen Diskussion im Ton vergreifen. Daraufhin klingelt am nächsten Tag das Telefon, derjenige ist dran und sagt: »Ich glaube, ich habe mich gestern Abend im Ton vergriffen, sorry.« Kein Ding, oder?

Diese Leute im Leben liebt man um ihrer selbst Willen, deswegen muss man nicht alles an ihnen mögen. Und ihnen verzeihen wir auch so gut wie alles. Einer von den Freunden, die in diese Gruppe fallen, hat mich vor Kurzem um Verzeihung gebeten. Wir kennen uns schon zwanzig Jahre und ich habe ihn fest ins Herz geschlossen, wo er bis heute geblieben ist. Wir hatten regelmäßig Kontakt und gingen gern auf ein Bier oder zwei, bis – ja, bis der Gute seine Freundin kennenlernte. Das schien soweit eine nette Person zu sein und gar nicht unvernünftig, aber sie hatte ein Problem mit ihrer Eifersucht, und innerhalb von hast du nicht gesehen hatte mein alter Freund auch ein Problem mit ihrer Eifersucht. Die erstreckte sich nämlich auf alle Personen mit den Eigenschaften:

a) weiblich,
b) nicht verwandt.

Da fiel ich dann eben auch mit rein. Weil er wirklich verliebt war und ein guter Partner sein wollte, versuchte er, es irgendwie hinzubekommen, bekam es aber nicht hin und zog sich daraufhin von allen Menschen aus seinem Leben zurück, auf die a) und b) zutrafen.

Jetzt, Jahre später, ist er wieder da. Die Beziehung ist vorbei und es tut ihm leid, dass er nicht zu seinen (weiblichen) Freundschaften stand. Wortreich versuchte er, sich zu erklären und auch das Ausmaß darzulegen, wie leid es ihm genau tut. Der Clou ist: Wegen mir muss er das gar nicht tun – ich habe ihn noch genauso gern wie vorher und während der Zeit, als er untergetaucht war. Er ist ja immer noch der Gleiche, ich kann seine Entscheidung von damals nachvollziehen und es war zwar schade, aber keine Kränkung, die man nicht verzeihen könnte. Es gibt also eigentlich gar nichts zu vergeben, von meiner Seite aus nicht. Es ist *sein* Bedürfnis.

Ihm und den paar anderen, die ihren festen Platz in meinem Herzen haben, würde ich fast alles verzeihen – deswegen lösen sich auch langjährige, innige Freundschaften selten wegen einem konkreten Streit auf, sondern enden dadurch, dass sich Menschen und Beziehungen verändern. Schmerzhaft ist es trotzdem, ebenso sehr, wie eine Liebe zu verlieren.

Wenn ich es recht überlege, waren diejenigen Leute, die sich wirklich dicke Dinger geleistet haben, nie aus dieser Gruppe. Wer dich liebt und dir wohlwollend gegenübersteht, tut dir nicht absichtlich weh, nützt dich nicht aus, schmeißt sich nicht an deinen Partner ran oder ähnliches. Wenn gute Freunde dich kritisieren, tun sie das auf eine konstruktive Art, bei der man merkt, dass sie es gut mit einem meinen – und es ist auch ihr gottverdammter Job das zu tun. Deswegen kann das Gesagte trotzdem kränken oder es kann einem die Sprache verschlagen, es kann sogar unberechtigt sein und wenn es bitter ist, muss man sich mit der Kritik vielleicht auch erst mal zurückziehen. Es ist aber etwas, das aus Liebe zu einem geschieht.

Weil wir aber oft unser Leben einfach so dahinplätschern lassen, tummelt sich außer unseren wohlmeinenden Lieben noch eine Gruppe von Gestalten um uns, die wir irgendwie nur noch haben, weil:

- wir sie schon immer haben,
- wir meinen, dass wir sie wohl verdient haben,
- weil sie sich ja ändern könnten,
- weil wir sie als gegeben betrachten,
- weil wir uns nicht aktiv von ihnen trennen,

- weil wir Angst haben einsam zu sein,
- ganz ehrlich: ich habe keine Ahnung, warum!

… und fügen Sie ruhig Ihre eigenen Gründe dazu, die bei Ihren jeweiligen Kandidaten zutreffen. Wenn wir uns die beiden Gruppen so ansehen, wem also sollte man vergeben? Sollte ich um meines Seelenheils willen den Menschen Verletzungen vergeben, die aus einem der oben genannten Gründe in meinem Leben herumschippern? Ginge es mir dann besser? Iwo! Mir ginge es aber durchaus besser, wenn ich sie aus meinem Leben entferne … Denn: Was mir absichtlich Leid zufügt, was mich verletzt oder mir das Herz schwer macht, ist keine Freundschaft.

Die so genannte Freundin, die immer nur ihren Seelenmüll bei Ihnen ablädt, aber nie daran interessiert ist, wie es Ihnen geht. Freunde, die sich über Träume lustig machen, die man ihnen anvertraut hat, oder auch solche, die Ihre Erfolge klein reden, um sich selbst größer zu fühlen. Die, die Sie nicht schätzen, so wie Sie sind, und denen Ihr Wohl nicht am Herzen liegt. Und all jene, für die Sie irgendeine Funktion erfüllen und die Ihnen das Gefühl geben, nicht zu genügen. Denen muss man nicht vergeben, die muss man absägen.

Vergeben hat vielleicht doch eher damit zu tun, sich mit etwas, das war, auszusöhnen. Akzeptieren, dass es so war und nicht anders, weil man das Warum versteht und einen berechtigten Groll loslässt.

Zum Beispiel, wenn es sich um die eigenen Eltern handelt. Zwei, die das sehr unterschiedlich hinbekommen haben, sind Nadja und Anne.

Anne bekam in ihrer Jugend eine Stiefmutter dazu – eigentlich eine prima Sache. Die Eltern lebten schon lange getrennt, Anne bei ihrer Mutter, und wenn sie fortan den Vater besuchte, war der glücklich und das machte Anne auch glücklich. Anne war pro-Stiefmutter. Die Stiefmutter hingegen – nun. Die war nicht hundertprozentig pro-Anne. Zum einen war Anne ihrer Mutter wie aus dem Gesicht geschnitten und zum anderen hatte die Stiefmutter selbst eine Tochter im gleichen Alter. Im Gegensatz zur strahlenden Anne war die aber der Zonk unter den Kindern: unfassbar schlecht in der Schule, unmotiviert, unsympathisch und ein ziemlicher Stinkstiefel. Das zog sich auch so fort, Anne ging ihren Weg – mit Schlenkern zwar, aber unbeirrt – vorwärts und wurde erfolgreich in dem, was sie tat. Der Zonk sah ab einem gewissen Zeitpunkt nicht ein, wieso sie sich überhaupt noch bewegen sollte. Die Stiefmutter schob diesen eklatanten Unterschied zwischen den beiden Mädchen darauf, dass Anne in einem wohl situierten Elternhaus aufgewachsen war und ihr Zonk in der Kindheit ganz viele Möglichkeiten eben nicht hatte. Inwieweit das zutrifft oder nicht, weiß ich nicht, und ich will das auch gar nicht ausbaldowern. Aber es hatte zur Folge, dass durch das gemeinsame Familienleben immer wieder ein Dunst von Eifersüchteleien, Missgunst und unguter Stimmung zog. Auch später, als Anne schon alleine lebte und nur manchmal vorbei kam, blieb das so – was für sie umso trauriger war, da ihre leibliche Mutter früh starb und sie eine mütterliche oder zumindest wohlwollende Frau in ihrem Leben gut hätte brauchen können. Mit allem Recht der Welt hätte Anne ihr Leben lang sauer sein können. Als ihr Vater starb, hätte sie den Kontakt zur Stiefmutter einschlafen lassen können und wenn jemand nach der Stiefmutter fragt, hätte sie erzählen können, wie ungerecht die sie behandelt hat. Sie hätte ihren Groll herumzeigen können und jeder, aber wirklich jeder, hätte vollstes Verständnis dafür gehabt. Sie hätte ihr Vorwürfe machen können und ihr aus Rache ein paar gut platzierte, rhetorische Stiche versetzen können. Das alles hat sie nicht getan. Vielleicht, weil sie beide um den gleichen Menschen trauerten und vielleicht auch, weil es einfach in Annes Naturell liegt, hat sie es geschafft, diese Gefühle von Vergeltung, Wut, Verbitterung und Rache loszulassen. Sie haben sich, vorsichtig zunächst, angenähert und sie hat der Stiefmutter vergeben – nicht, indem sie »Schwamm drüber« gesagt hat und damit den Konflikt bagatellisiert hätte, sondern, indem sie Verständnis für die Stiefmutter aufgebracht hat. Anne kann sich hineinfuhlen in ihre Situation damals – und sie weiß vor allem, dass Menschen unrühmliche Schwächen haben.

»Es war nicht schön, aber es ist ok«, sagte Anne und gesteht der Stiefmutter zu, auch nur ein Mensch zu sein, und die beiden haben mit der Zeit eine herzliche Beziehung hinbekommen. Sie telefonieren regelmäßig und Anne ist am Ende doch noch so etwas wie eine Tochter geworden – und eine Freundin noch dazu.

Ganz andere Baustelle: Nadja. Genau, die mit dem Brustkrebs. Nadja hat ihrer Mutter nie verziehen. Zu schwach sei die gewesen, zu bedürftig, sie hatte sich nie gegen den tyrannischen Vater durchgesetzt, und zwischen den vier Kindern, der Arbeit und dem Kümmern um ebendiesen, hatte Nadja zu wenig Aufmerksamkeit von ihrer Mutter abbekommen. Aus der Enttäuschung des Kindes, das Nadja war, ist mit der Zeit Groll, Wut und inzwischen eine tiefe Verbitterung geworden. Wenn sich in einem Gespräch das Thema ergibt, winkt Nadja nur genervt ab, und wenn man dann noch etwas nachbohrt, kommt lediglich die alte Wut hoch. Die Mutter verdient keine Vergebung, findet Nadja, und sieht nicht, dass es nicht um die Mutter geht, die Vergebung verdient, sondern um sie selbst, die Frieden verdient. Die Entscheidung, auf ihren durchaus gerechtfertigten Groll zu verzichten, würde ihr mehr helfen als der Mutter. Nicht mal der Brustkrebs und all die Gedanken an die eigene Endlichkeit, die mit ihm kamen, haben sie dahingehend weicher gestimmt.

Man verstehe mich richtig: Anne und Nadja gehen jede mit ihrem alten Groll auf die Art und Weise um, wie sie das eben können und ich bin weit davon entfernt, über Nadjas Art zu urteilen oder ihr gar vorzuhalten, sie sollte ihrer Mutter verzeihen. Ich würde es mir nur für sie wünschen, für sie selbst.

Gandhi sagte angeblich: »Der Schwache kann nicht verzeihen. Verzeihen ist eine Eigenschaft der Starken.« Aber nicht nur das: Verzeihen macht auch stark.

Mit Sicherheit gibt es jede Menge Dinge, die man nie verzeihen kann. Sexuellen Missbrauch zum Beispiel oder andere körperliche Gewalt, gegen sich oder die, die man liebt. Es gibt auch Dinge, die man dem Partner nicht verzeihen kann, manchmal gehört Fremdgehen dazu. Gott sei Dank, getrommelt und gepfiffen, habe ich damit keine Erfahrung (es sei denn, ich habe es lediglich nicht erfahren, natürlich …). Dem Partner verzeihen musste ich trotzdem, die Palette an Möglichkeiten ist da ja recht groß. Aber egal, um was es geht, eigentlich läuft es immer auf Vertrauen hinaus, das enttäuscht wird. Mein lieber L. hat das erste Mal mein Vertrauen enttäuscht, als wir eine gemeinsame Arbeit abliefern sollten. Es sollte ein gemeinsames Buch werden und der Deal war soweit unmissverständlich: jeder die Hälfte der Arbeit, jeder die Hälfte der Kohle. Wir hatten drei Monate Zeit, der Vertrag mit dem Verlag war unterschrieben und das Konzept stand – perfekte Voraussetzungen also. Ich sah uns schon an einem Strand in Thailand sitzen, in einer Bar mit Internetanschluss. L. würde den halben Tag arbeiten, während ich tauchen gehe, und mittags gäbe es einen fliegenden Wechsel: ich an den Computer, L. ins Meer und abends gäbe es die große, gemischte Meeresfrüchteplatte. Das war, bevor mir wieder einfiel, dass wir ein Kind haben und einen Hund, L. außerdem noch einen anderen Job und wir beide jede Menge Verpflichtungen, die mit einem dreimonatigen Aufenthalt an einem thailändischen Strand völlig unvereinbar sind. Aber ich war frohen Mutes. Schließlich war es das erste gemeinsame Projekt, und wo wir uns so dufte verstanden und die gleichen Sachen lustig fanden, würde alles ganz und gar großartig werden. Wurde es aber nicht.

Wie sich nach den drei Monaten herausstellte, hatte nämlich nur einer von uns beiden seine Hälfte der Arbeit erledigt, und ich sage es mal so: L. war das nicht. Daraufhin folgte das Drama des Jahrhunderts, denn mir war es völlig unbegreiflich, wie L. mich so hängen lassen konnte – und wie er es fertiggebracht hatte, mir bis zum Ende der Frist nicht zu sagen: »Liebes, es gibt da ein kleines Problem …«. Beinahe hätte ich ihn erwürgt.

Was ich noch viel schlimmer fand als die Tatsache, dass die Arbeit nicht gemacht war oder er mich hatte hängen lassen, war der Umstand, dass er mich nicht in sein Problem einbezogen hatte – ich meine, wir spielten doch schließlich im gleichen Team!

Das verletzte mich mehr als alles andere. Nach aller Wut und allen Tränen und aller Grübelei erklärte L., dass es ihm schlicht peinlich gewesen war, vor mir zuzugeben, dass es mit seiner Hälfte nicht klappen würde. Und dass er den unvermeidlichen Moment, in dem alles ans Licht kommen würde, zwar vorhergesehen hat, aber damit genauso umgegangen war, wie er es im Angesicht von Problemen oft tat: Er steckte den Kopf in den Sand. Das ist eine Taktik, die ich schon von ihm kenne, sie geht mir wahnsinnig auf die Nerven, ich verstehe sie nicht, kann daran aber leider auch nichts ändern – und L. auch nicht. Die gleiche Taktik kam zum Einsatz, als L. vorübergehend keinen Job hatte und einen hübschen Berg an Schulden anhäufte. Wieder war es ihm zu unangenehm, mir etwas davon zu sagen, wieder war klar, dass das irgendwann rauskommen würde und wieder vollführte er die Kopf-in-den-Sand-Nummer.

An dem Tag, an dem ich vollkommen zufällig herausfand, was passiert war, war meine erste Reaktion: jetzt reicht's. Ich konnte es schlicht nicht fassen! Da saß L. die ganzen Monate neben mir abends auf dem Sofa und mir beim Essen gegenüber und lag mit mir im Bett und brachte es wirklich fertig, mir mitsamt diesem Geheimnis in die Augen zu sehen! Ich meine, was hatte er mir noch alles verschwiegen? Hatte er vielleicht nebenher eine Zweitfamilie? War er in echt der Prinz von Zamunda? Ich war am Boden zerstört und heulte mir die Augen aus dem Kopf. Dieses Mal hatte ich ihn nicht nur beinahe erwürgt, sondern auch beinahe verlassen. Ich hatte es zumindest einen ganzen Tag lang fest vor.

Wenn Sie sich einmal an einem solchen Punkt befinden sollten – nehmen Sie sich den Moment Zeit und lassen Sie sich den Gedanken durch den Kopf gehen: Was wäre, wenn ich noch ein Jahr zu leben hätte? Was wäre wichtig, wenn ich noch ein Jahr zu leben hätte …

Es ist, als würde einen der Gedanke Abstand nehmen lassen von dem, was passiert ist, wenn man das gerade selbst nicht schafft. Der Fokus ist nicht mehr so sehr auf die Katastrophe des Augenblicks gerichtet, sondern verschafft einem ein Gesamtbild und man sieht wieder den ganzen Menschen, nicht nur den dämlichen Fehler, den er gemacht hat. Das funktioniert zumindest dann, wenn man den Partner seinerzeit ausgesucht hat, weil man ihn wegen dem liebt, wie er ist, seine Person, und nicht, weil er einem etwas gibt, das man braucht.

Es gibt einen schönen Vergleich von einem Rabbi namens Abraham Twerski, in dem er einen jungen Mann fragt, warum er den Fisch auf seinem Teller isst. »Weil ich Fisch liebe!«, antwortet der Mann und der Rabbiner nickt: »Deswegen hast du ihn aus dem Wasser geholt und umgebracht und gekocht? Du liebst nicht den Fisch, du liebst dich und weil dir der Fisch gut schmeckt, hast du ihn aus dem Wasser geholt, umgebracht und gekocht.« Er vergleicht daraufhin viele Lieben mit dieser Fisch-Liebe. Die

Leute verlieben sich in andere, weil ihnen gefällt, was sie in ihnen auslösen. Weil sie jemanden sehen, der ihre emotionalen und körperlichen Bedürfnisse befriedigen kann. Es geht ihnen also darum, was sie vom anderen bekommen.

Liebe hat aber nichts mit Nehmen, sondern mit Geben zu tun. Wenn man jemanden im wahrsten Sinne des Wortes ent-deckt und einen das, was man da entdeckt, bezaubert, *gibt* man Liebe – auch wenn der- oder diejenige unter Umständen gar nicht dem entspricht, was man sich so vorgestellt hat: er oder sie liebt Sie nicht / ist Raucher / will keine Kinder oder passt in sonst einer Art nicht in Ihr Lebenskonzept.

Wenn ich noch ein Jahr zu leben hätte … bringt uns auf diesen Punkt zurück: Warum habe ich diesen Menschen ausgesucht? Wenn Sie das wieder erkennen, kann man viel verzeihen, was zu diesem Menschen gehört. (Wenn nicht, haben Sie ein ganz anderes Problem …) Und so habe ich L. an diesem Tag nicht verlassen wegen eines Fehlers, den er (schon wieder) gemacht hat, sondern bin geblieben, wegen dem, was er sonst noch ist.

Wenn man das mit dem Verzeihen bei anderen hinbekommt, ist das großartig. Man wird größer dadurch, stärker und das Herz füllt sich mit guten Dingen statt mit schlechten. Aber auch die, die das gut können, scheitern oft am nächsten Level: nämlich, sich selbst zu verzeihen.

Ganz harte Nummer. Die Geschichte meiner eigenen Fehler, Unzulänglichkeiten, Fehlentscheidungen und Katastrophen gehe ich ja gern im Kopf durch, wenn ich nachts im Bett liege und nicht schlafen kann. Da fällt mir als Erstes ein, was heute wieder schiefgelaufen ist, dann fallen mir lauter Dinge ein, die so ähnlich schon mal schiefgelaufen sind und wo wir schon dabei sind: Was war das eigentlich für eine blöde Aktion anno `95? Und schon bin ich mittendrin im Selbst-Bashing. Wenn dann noch Zeit ist, kann man sich gleich noch ausmalen, wie man *eigentlich* hätte reagieren oder sein sollen und sich noch ein bisschen schlechter fühlen. Am Ende läuft es dann immer auf einen dieser Sätze raus:

- Wie blöd kann man eigentlich sein?

- Hätte ich das nur anders gemacht.

- Wäre ich nur anders gewesen.

- Ich hätte dieser Person nicht vertrauen sollen.

- Ich hätte es besser wissen sollen.

Oder kurz gesagt: hätte, hätte, Fahrradkette. So streng wie mit mir bin ich mit niemand anderem auf der ganzen Welt und so wenig nachsichtig auch nicht. Und an niemanden habe ich so hohe Ansprüche wie an mich. Eine Freundin trifft eine falsche Entscheidung? Das kann passieren. Ich treffe eine falsche Entscheidung? Ich erbärmlicher Volltrottel …

Wenn ich noch ein Jahr zu leben habe … Wenn ich noch ein Jahr zu leben habe, erkenne ich, wie kurz die Zeit ist, die wir zur Verfügung haben und dass diese Zeit eine einzige Improvisation ist – es ist schließlich unser erstes Leben, wie soll man da immer Bescheid wissen, was richtig ist.

Man kann nicht wissen, was man nach der Schule machen wollte – vielleicht hat man die falsche Karriere begonnen, Jahre vertrödelt oder ist dem Geld hinterhergerannt … Es hat aber geholfen herauszufinden, was man nicht will und in welcher Richtung der richtige Weg liegen könnte.

Man kann sich in die falschen Menschen verlieben, weil sie einen bezaubern, mit einem Lächeln oder mit ihrer Geschichte, man kann sich selbst belügen und sie lieben, obwohl man im Innersten weiß, dass sie einem Schmerz bringen, und man kann selbst der Grund für Leiden sein, aus Unbedachtheit, weil man nicht hingesehen hat oder weil man seine Prioritäten falsch gesetzt hat.

Wir können Dinge sagen, die wir bereuen, und die wir gesagt haben, weil wir traurig waren oder wütend und wir können Falsches tun, wenn wir verletzt werden. Es hat uns niemand gezeigt, wie man damit umgehen soll, wenn eine

Welt zusammenbricht, jeder lernt das auf seine eigene, schmerzvolle Weise und muss für sich selbst herausfinden, wie man bestimmte Situationen bewältigt. Man kann sich sogar selbst schaden und sabotieren, was gut für einen war, weil man es in diesem Moment nicht erkannt hat, nicht zu schätzen wusste oder weil einem die Lebenserfahrung fehlte und man sich selbst noch nicht genügend kannte. Das alles kann passieren, weil wir menschlich sind. Im Laufe des Lebens lernen wir dazu, sammeln Erfahrungen, kämpfen, suchen, überleben und entwickeln uns und in keinem Moment ist diese Arbeit vollendet. Es ist Zeit, dass wir uns verzeihen, indem wir das verstehen und uns vergeben – jeden Tag, solange bis man sich wieder liebevoll ansehen kann. Nicht, weil man endlich alles hinbekommt, sondern weil man es versucht. Wir werden wieder Fehler machen. Das ist okay.

Notiz an mich:

- Sich selbst verzeihen.
- Dem Herzen verzeihen.
- Wem man vergeben sollte: Und wem nicht.
- Was man vergeben kann: Und was nicht.

WIE WIR LEBEN WOLLEN

»Wenn ich noch ein Jahr zu leben hätte …«, fängt Jana eines Abends im Café Einstein an, »also, weißt du was?« Und ich hasse es, wenn sie einen Satz so anfängt, denn woher soll ich denn wissen, was sie als Nächstes sagen wollte?

»Nein, was denn?«

»Ich glaube, ich würde aufs Land ziehen, in einen kleinen Bauernhof mit vielen Tieren und Apfelbäumen im Garten.« Anne zieht belustigt die Augenbrauen hoch. »Mit Ahmet?«

Jana schüttelt den Kopf. »Nein. Mit euch.«

Das kommt überraschend. Zum einen ist Jana eine Großstadtpflanze und schon immer gewesen – es würde mich wundern, wenn sie einen Apfelbaum von einer Tanne unterscheiden könnte. Zum anderen überrascht mich, dass sie sich zwar gern einen Mann an ihrer Seite vorstellt, sich aber gleichzeitig nicht vorstellt, mit ihm zusammenzuleben.

»Und wenn alles ganz toll wäre und ihr wahnsinnig verliebt wärt, würdest du dann nicht lieber mit ihm zusammen statt mit uns in deinen Bauernhof ziehen – oder sonst wohin?«, frage ich deswegen nach, aber Jana schüttelt den Kopf: »Wieso sollte ich?«

Tja – wieso sollte sie …

»Willst du denn nicht mit deinem Partner immer zusammen sein?«, fragt auch Anne nochmal nach. »Zusammen auf dem Sofa liegen und Tatort gucken? In einem Bett schlafen? Zusammen aufwachen?« Und ich ergänze in Gedanken: *seine Socken wegräumen, übers Staubsaugen diskutieren und von seinem Schnarchen geweckt werden …?*

Jana sieht sie erstaunt an: »Aber ich kann doch trotzdem mit jemandem Tatort gucken und bei jemandem im Bett schlafen, dazu muss ich doch nicht mit ihm zusammenwohnen!«

Da hat sie natürlich Recht. Es spricht ja nicht das Geringste dagegen, ein Paar zu sein und getrennt zu leben – also, wenn man in der gleichen Stadt wohnt, sonst wird's nämlich schwierig mit dem Tatort.

Wenn ich es mir genauer überlege, spricht sogar ziemlich viel dafür, denke ich ein paar Tage darauf, als L. nämlich geschäftlich für ein paar Tage weg ist und ich abends alleine zu Hause bin. (Also fast alleine, das Kind schläft in seinem Kinderzimmer.) Weil L. nicht da ist, fällt die ganze abendliche Folklore weg, die ansonsten gut eingeübt und reibungslos unsere Abende bestimmt:

Es wird nicht gekocht

Normalerweise wird bei uns zu Hause immer gekocht. Frisch und gesund, meistens übernimmt das L., dann ist die Gefahr gebannt, dass wir alles entsorgen und von vorne anfangen müssen. Ich decke derweilen den Tisch, öffne Wein und gehe ihm mit schlauen Ratschlägen auf die Nerven. Ich bin außerdem zuständig für das Abräumen und dafür, die Küche nach dem Essen wieder in ihren Originalzustand zurück zu versetzen – was nicht immer leicht ist, weil L. mit derart viel Esprit kocht, dass das Ganze oft einer Tatortreinigung ähnelt.

Weil nicht gekocht wird, wird nicht eingekauft

Ich muss mich nicht damit herumschlagen, was wir heute noch fürs Abendessen brauchen, was wir morgen brauchen, das besorgen und dann doch noch schnell zum nächsten Edeka rennen, weil ich die linksdrehende Kümmelknote vergessen habe.

Es wird nicht ferngesehen

Das hat sich irgendwie so eingeschlichen – und zwar nicht nur sonntags. Manchmal sitze ich noch am Computer und manchmal kramt L. noch in irgendwelchen wichtigen Papieren herum, aber oft enden unsere Abende auf dem Sofa, beide kaputt und mit einem Glas Wein in der Hand und wir kommentieren fragwürdige Handlungsabläufe irgendwelcher Sendungen. Oder es kommt ganz dicke und

L. will irgendein Fußballspiel sehen – da will er dann noch nicht mal fragwürdige Handlungsabläufe diskutieren.

Keine Absprachen

Wer geht mit dem Hund raus, was gibt es morgen zu essen, hast du den Elektriker angerufen, setzt du das Kind nochmal auf den Topf, vergiss nicht den Mantel in die Reinigung zu bringen und was sind das eigentlich für wichtige Papiere?

Schlafen

Niemand schnarcht. Ich habe auch kein schlechtes Gewissen, im Bett noch zu lesen, während dort schon jemand versucht zu schlafen, niemand zieht einem die Bettdecke weg oder liegt im Weg, wenn man alle Viere von sich streckt oder in eine diagonale Schlafposition rutscht, außer das iPad, aber das zählt nicht.

Irgendwie nicht schlecht, finde ich, und genieße diese Abende hemmungslos. Ich trage Klamotten, die jeder Beschreibung spotten (Wie siehst du denn aus?), zwischen meinen Zehen befinden sich diese Abstandshalter, die machen, dass man den Nagellack nicht großflächig auf den Zehen verteilt (Was ist das denn?), ich höre laut Musik (Was jammert der denn so?) und esse Tiefkühlpizza (Weißt du, was da drin ist?). Es ist großartig. Ich schreibe längst überfällige Mails (Was machst du?), telefoniere noch mit einer alten Freundin, mit der ich ewig nicht gesprochen habe (Und, wie geht's ihr?) und verteile anschließend im Bett das iPad, ein Buch, Zeitschriften, Handy und After Eights auf L.'s Bettseite. Am nächsten Morgen sieht die Küche noch genauso aus, wie ich sie am Abend zuvor zurückgelassen habe – keine Haferflockenreste auf dem Boden, keine Orangensaft-Spritzer nirgends, noch nicht mal Müslischale und Kaffeebecher stehen auf der Spülmaschine, von denen L. irgendwie immer annimmt, dass sie von selbst durch die Arbeitsfläche dort hineindiffundieren. Ich gehe einfach so ins Bad, ohne dass dort schon jemand zerzaust am Waschbecken steht, und brauche exakt solange, wie es mir Spaß macht. Ich bringe das Kind in den Kindergarten und während ich zu Hause am Computer sitze und in Ruhe arbeite, meldet sich meine Exkollegin aus der Agentur, die Drösel. Sie vermisst mich. Wie schön. »Komm doch heute Abend vorbei«, schlage ich vor und sie kommt an diesem Abend tatsächlich – es wird ein toller Abend, auch weil wir beide alleine sind. L. ist ein großartiger Gastgeber und Gesprächspartner und es wäre bestimmt mit ihm am Tisch auch schön gewesen, aber weil wir zu zweit sind, packt die Drösel auch ein paar Themen aus, die sie sonst für sich behalten hätte. Tatsächlich läuft es bombig mit dem Alleinewohnen, das muss ich zugeben. Dass ich für alles alleine zuständig bin, macht mir nicht das Geringste aus, auch, wenn normalerweise L. das Kind in den Kindergarten bringt oder tanken fährt und durchaus im

Haushalt mit anpackt. Ich schaffe das alles ganz gut und dieses Gefühl der Selbstbestimmung, weil man sich mit niemandem absprechen muss, macht mich irgendwie – stärker. Weil ich das alles so wunderbar gebacken bekomme, habe ich sogar mehr Energie, obwohl ich insgesamt mehr erledigen muss. Es ist absurd.

Nicht, dass hier ein falscher Eindruck entsteht: Als L. zurückkommt, freue ich mich wie Bolle, ihn zu sehen. Wirklich! »Endlich wieder zu Hause«, sagt auch L. und pfeffert seine Tasche und die Schuhe in eine Ecke. Als wir später nach dem Essen in der Küche sitzen und L. alles von seiner Reise erzählt hat und mich fragt, wie es zu Hause so lief, berichte ich zunächst nur die Neuigkeiten. Der Kindergarten hat einen Elternabend anberaumt, der Nachbar von unten hat wieder mit dem Besen gegen die Decke geklopft, das Auto macht ein komisches Geräusch und die Drösel war da … L. hört sich das alles an und dann ist es so, wie es eben ist, wenn einen jemand echt gut kennt: »Und?«, sagt L., »was war sonst noch?«, denn er merkt genau, dass ich etwas nicht erzähle.

»Es war – toll«, sage ich geradeheraus und L. reißt die Augen auf und lehnt sich nach vorne. »Mit der Drösel?« So starren wir uns kurz an und dann winke ich ab. »Das meine ich nicht«, und L. sieht erleichtert aus. Anscheinend hat er sich kurz darauf gefasst gemacht, dass ich ihm eine wilde Nacht mit der Drösel beichten werde. Männer, echt …

So richtig begeistert wird sein Gesichtsausdruck aber auch nicht, als ich ihm erzähle, was so toll war. »Da fährt man einmal weg«, mault L., »und die Frau bricht in Begeisterungsstürme aus …«.

Allerdings muss er zugeben, dass er Abende allein zu Hause auch sehr genießt – es gibt irgendwas mit Low Carb (Was soll das denn sein?), eine Sendung mit Sport im Fernsehen (Ist das laaangweilig!), im Wohnzimmer wird mit Hanteln trainiert (Ich kann doch zusehen?) und keine mault, weil irgendwo Orangensaftspritzer sind oder eine Kaffeetasse auf der Arbeitsfläche steht.

»Aber ihr wollt jetzt nicht auseinanderziehen, oder?«, fragt Anne besorgt, als wir das nächste Mal im Einstein zusammensitzen. »Wieso eigentlich nicht?«, findet Jana und saugt geräuschvoll den letzten Rest Gin Tonic aus ihrem Glas. »Als wenn es nur die Optionen Single-Leben oder Beziehung mit gemeinsamer Wohnung gäbe ... Es gibt sogar einen Ausdruck dafür – LAT!«, strahlt sie.

»LAT«, wiederhole ich, »was soll das denn heißen?«

»*Living Apart Together* heißt das«, antwortet Jana, und Anne und ich gucken sie groß an. »Na ja,« erklärt sie, »ist doch eine tolle Sache: Du hast eine Beziehung, Nähe, Liebe, alles, aber die Sache mit den Socken und den Kaffeetassen lässt du weg, weil jeder alleine wohnt. Man muss es sich halt leisten können …«

Anne findet das alles grässlich. »Das ist doch blöd – zu einer Beziehung gehört das Alltägliche doch dazu«, und ich denke, dass Anne eben auch noch nie lange mit einem Partner zusammengelebt hat. Ob man immer das vermisst, was man nicht hat? 15 Jahre formen L. und ich nun schon ein Paar und die meiste Zeit davon formten wir das in einem gemeinsamen Zuhause. Das war ein recht pragmatischer Entschluss damals. Er zog zu mir in eine andere Stadt und da blieb er dann und es gab nie einen Grund, daran etwas zu ändern. Seit vier Jahren wohnt außerdem das Kind auch noch bei uns und es läuft gut – wenn ich aber kurz daran denke, wie es auch sein könnte … ein eigenes Zuhause nur für mich … und natürlich das Kind … zwei Wohnungen im gleichen Haus, zum Beispiel … wenn ich mir das so vorstelle, fühlt es sich an, wie an eine Weltreise zu denken: eine schöne Utopie.

Wenn ich noch ein Jahr zu leben hätte … versuche ich es wieder mit dem bewährten Gedanken, beende ihn aber sofort mit… *dann hätten wir immer noch nicht die Kohle, um einen zweiten Haushalt zu gründen*. Außerdem:

- Was würde wohl L. dazu sagen?
- Was würde unser Umfeld dazu sagen?
- Vielleicht würde das einen Keil zwischen uns treiben.
- Vielleicht würde das Kind traumatisiert.

- Vielleicht wäre ich nach kurzer Zeit kreuzunglücklich, L. fühlt sich aber pudelwohl und ich verkümmere alleine und verbittert und lege mir zwanzig Katzen zu.

... und dann ist es ja manchmal ein schönes, praktisches Argument, das einem hilft, Überlegungen welcher Art auch immer wegzusperren. *Man muss es sich halt leisten können* ... ist das Argument, und ich denke nicht mehr daran.

Bis – ja bis L. eines abends nach Hause kommt und beiläufig erwähnt, dass die Vermieterin seiner Bar heute bei ihm war und dies und das und Blablabla und dass die Wohnung über der Bar frei ist und sie die fast nicht vermieten kann, weil sie eben über der Bar ist und ob L. die nicht für wenig Geld brauchen könnte, – so als Lager oder so – er könnte die ja sogar von der Steuer absetzen. Dann starren wir uns eine Zeit lang an.

»Als Lager ...«, wiederhole ich schließlich und L. winkt ab. »Ich brauche gar kein zusätzliches Lager«, und wir starren uns wieder an.

»Man könnte es als Zweitwohnung mieten«, fange ich zaghaft an und L. nickt. »Du könntest trotzdem immer kommen und mit dem Kind zusammensein«, überlege ich laut weiter und L. nickt wieder. »Es könnte auch mal bei mir schlafen«, fügt er hinzu, »oder ihr beide«, und so fangen wir an, äußerst behutsam über ein Was-wäre-wenn zu sprechen. Was wäre, wenn einem von beiden die Idee nicht mehr gefällt (man kann es jederzeit rückgängig machen), was wäre, wenn es das Kind verstört (man kann es jederzeit rückgängig machen), was wäre, wenn wir merken, dass wir dadurch auseinanderdriften (man kann es jederzeit rückgängig machen), und irgendwann gehen uns die Argumente aus, die dagegensprechen. Nach und nach wird aus dem Abwägen ein Pläneschmieden und ich merke, dass es uns beiden Freude macht, diese Pläne zu schmieden – wobei ich genau drauf achte, ob es L. nicht vielleicht ein bisschen mehr Spaß macht als mir, dann wäre ich nämlich beleidigt …

Am Ende des Abends und der Flasche Rotwein stehen sich in jedem von uns zwei Seiten gegenüber:

Hurra, ein neues, anderes Leben, Veränderung, Freude, Pläne!

Versus:

Das können wir ja niemandem erzählen, Angst und *was, wenn es schief geht?*

Was soll ich sagen, es ist das Jahr, in dem nach dem Herzen entschieden wird und gegen die Angst. Und L. hat der Vermieterin zugesagt. Es ist so aufregend, dass ich fast platze.

»Um Gottes Willen!« ist die häufigste Reaktion, wenn wir von unseren Plänen erzählen und am härtesten trifft es die Schwiegermutter. Einen Moment lang überlege ich, die ganze Sache mit der Wohnung abzublasen, als ich höre, dass sie zu weinen anfängt. Mit viel gutem Zureden und nichts-wird-sich-ändern-Versprechen geht es wieder und sie schnieft nur noch leise. Der Rest bricht zwar nicht in Tränen aus, aber das Entsetzen ist groß, deswegen sage ich nicht mehr:

Wir haben eine neue Wohnung gemietet, in der L. teilweise wohnen wird, sondern ich sage:

Wir haben eine neue Wohnung gemietet, in der L. teilweise wohnen wird, aberesistallesinOrdnung!

Die Einzige, die alles sofort dufte findet, ist, wie zu erwarten, Jana. »Cool – braucht ihr noch eine Waschmaschine? Ich habe noch meine alte«, ist ihr erster Kommentar und ja, wir brauchen tatsächlich noch eine Waschmaschine.

Inmitten all der Freude über Aufbruch zu neuen Unfern kommt es für uns beide dann doch noch dicke:

Für mich,

… weil mich irgendwann, zwischen Farbe-für-das-neue-Schlafzimmer-überlegen und auf eBay nach einem-günstigen-Küchentisch-suchen L. zur Seite nimmt und sagt: »Liebes, sollte das nicht *meine* neue Wohnung werden?« Und da stand ich dann, irritiert und eingeschnappt und musste mich von dem Gedanken verabschieden, dass dies *unser* neues Projekt war. Dies war *sein* Projekt. Seine Schlafzimmerfarbe, sein Küchentisch und ich hatte mich da rauszuhalten – was ja eine meiner schwierigsten Übungen ist.

Für ihn,

… weil ich anfing, unsere ehemalige gemeinsame Wohnung in meine Wohnung zu verwandeln. Ich hängte Bilder auf, die L. nie gefallen hatten, ich bezog das Sofa neu, zwang ihn, den alten Sessel von seinem Opa zu sich zu nehmen und platzierte an seiner Stelle eine Kommode und kaufte einen Plattenspieler für obendrauf. Jeder machte sein Ding und das war so ungewohnt geworden, dass wir uns jeweils auch ungewohnt vorkamen – was beileibe nicht das Schlechteste nach 15 Jahren Beziehung ist.

»Weißt du, ich finde das großartig«, urteilt meine Freundin Lotta, ihres Zeichens Anwältin, als sie mich zu Hause besucht und den vielen Platz in meinem Kleiderschrank bewundert. Ich habe nämlich L.'s Seite dazubekommen, was zugegeben anfangs ein bisschen ungewohnt aussah. »Nur kein Neid«, sage ich und gehe vor in die Küche. Lotta winkt ab. »Ich habe zwei kleine Kinder, ich wüsste gar nicht, wie ich das alleine schaffen sollte. Aber du weißt nicht, wie oft Klientinnen mit Trennungswunsch zu mir in die Kanzlei kommen und jammern: ›Aber wir haben doch das Haus und die Kinder – ich weiß gar nicht, wie ich allein zurechtkommen soll!‹«

Ich kann den Gedanken gut verstehen. Bis vor Kurzem hätte ich mir selbst nicht vorstellen können, alles alleine hinzubekommen, aber die Wohnung über der Bar hat uns beide wieder eigenständiger werden lassen. Weniger *Wir*, mehr *Selbst* und das Bewusstsein, *Ich schaffe es auch alleine*, hat mich stärker gemacht. Ich bin mit L. zusammen, weil ich es möchte, weil ich gern Zeit mit ihm verbringe, es ist keine Selbstverständlichkeit mehr. Gleichzeitig kann ich Freunde einladen, ohne dass er automatisch dabeisitzt, im Bett noch lesen, ohne, dass er neben mir schon schläft, und mich wieder auf Dinge besinnen, die mir Spaß gemacht haben, bevor es ihn gab. Und das Tollste ist: Wir haben wieder Dates!

Das Kind hat übrigens, für diejenigen, die sich sorgen, kein Trauma erlitten. Es findet es vollkommen logisch, dass L. über der Bar wohnt, in der er arbeitet, und ist gerne dort. L. und das Kind sehen sich kaum weniger als zuvor und wir verbringen ganz wunderbare Tage allein, zu zweit und zu dritt. Ob wir das irgendwann rückgängig machen? Kann schon sein … Es kann aber auch sein, dass wir mit Anne und Jana doch noch in eine große WG ziehen. Wir können machen, was wir wollen – ist es nicht wunderschön, so frei zu sein?

MAN SELBST SEIN / WER ICH BIN UND WER ICH SEIN MÖCHTE

Wenn ich noch ein Jahr zu leben hätte … wäre es mir nicht mehr so wichtig, wie ich *eigentlich* gern wäre. Ich würde nur noch danach entscheiden, ob ich etwas will oder nicht, egal ob das mit dem zusammenpasst, was ich mir so vorstelle für mich. Geschweige denn, was sich andere so vorstellen für mich.

Wer das vor Kurzem ganz großartig gemacht hat, ist Inés, eine reizende Französin, die mit L.'s bestem Kumpel zusammen ist. Als der Inés das erste Mal mitgebracht hat, sind die anwesenden Männer kurz in so eine Starre verfallen, die Kaninchen befällt, wenn sie nachts ins Scheinwerferlicht eines Autos geraten. Inés ist irre groß, was sie einem Paar sehr langer Beine zu verdanken hat, und schlank wie diese Hühner aus den Frauenzeitschriften, von denen man immer hofft, die gibt es vielleicht gar nicht im echten Leben. Sie hat ein hübsches Gesicht und noch dazu eine sympathische, offene und herzliche Art. Oben drauf kommt dieser französische Akzent, mit dem sie so herzige Dinge sagt wie:

»Willst du mit mir bummsen?«, während sie einem ein volles Sektglas entgegenstreckt und »anstoßen« meint.

Sie ist kurz gesagt umwerfend. Die anwesenden Damen waren mäßig begeistert, mich eingeschlossen. Es ist einfach nicht so ganz schön, jemanden vorgesetzt zu bekommen, über dessen Kopf in Leuchtschrift blinkt: *Sooo kann man auch aussehen, mein Frollein!*

Mit Inés war es dann, wie es immer ist, wenn man jemanden kennenlernt: Sie wurde auch nur zum Menschen. Mit allem, was einen Menschen so ausmacht, mit Schwächen, Ängsten, Unsicherheit und Macken und bei näherem Hinsehen sind ihre Nasenlöcher viel zu groß – kurz, man konnte sie gern haben. Jedenfalls war Inés schon bald permanentes Mitglied im Freundeskreis, die Männer beruhigten sich (die Damen auch) und nach vielen Abenden erzählte sie mir von ihrem größten Komplex. Nach der Geburt ihres Sohnes vor vier Jahren mitsamt Stillzeit und allem, verwandelten sich ihre ganz normalen 75 B Brüste plötzlich in kleine Hautsäckchen, die traurig nach unten blicken. »Hier, kuck«, sagte sie, beugte sich nach vorne, zog den Ausschnitt ihres Pullis bis unter mein Kinn und hob den BH an. Und wir guckten beide. »Das ist doch scheißig«, befand sie und sah mich fragend an. Wie gesagt, eine sehr offene Person. Über die Ausdrucksform in dem Zusammenhang kann man streiten – aber wo sie Recht hat, hat sie Recht. Es war wirklich kein schöner Anblick. Jetzt hat man an sich selbst natürlich auch die eine oder andere Stelle, wo man sich denkt, das ist kein ungetrübt schöner Anblick, aber welches Ausmaß Inés' Unzufriedenheit annahm, begriff ich, als sie mir gestand, dass sie nie den BH auszog. Also außer unter der Dusche. Nicht zum Schlafen, nicht beim Sex, nicht, wenn sie im Jogginganzug auf dem Sofa lümmelte, und nicht in der Umkleidekabine beim Unterwäsche kaufen.

»Ich ertrage es einfach nicht«, sagte sie. »Nicht den Anblick und nicht dieses Gefühl, wenn die Brüste auf dem Bauch liegen, das ist nicht möglich!« Ich zog den Ausschnitt ihres Pullovers nochmal zu mir, sah sie an und nickte. Wir haben daraufhin lange nicht über das Thema gesprochen – wie sollte das auch aussehen:

Ich: Na? Hängen sie immer noch?

Inés: Oui!

Allerdings konnte ich gut erkennen, wenn sie die Problematik einer weiteren Freundin erzählte: Inés dehnte dann den Ausschnitt ihres Oberteils und beide lugten von oben hinein. Es beschäftigte sie wirklich sehr, denn das war ein häufiger Anblick und irgendeine sprach dann wohl das erste Mal das Wort *Brust-OP* aus. Jetzt ist ja dieses Wort je nach Umfeld verschieden belegt. Wenn Sie sich inmitten von C-Prominenz bewegen, die mit höheren Weihen das Dschungelcamp meinen, dann stoßen sie mit einer Brust-OP auf Verständnis, Informationsaustausch und Gleichgesinnte. In dem Umfeld, in dem ich mich bewege und somit auch Inés, bewirkt das Wort *Brust-OP* hochgezogene Augenbrauen, Schnappatmung und Hinweise auf hilfreiche Therapien bei mangelndem Selbstbewusstsein. Eine Brust-OP ist als Rekonstruktion nach Brustkrebs akzeptabel, alles andere ist eine Schönheitsoperation und nicht vertretbar. Sich absichtlich in Gefahr begeben, nur weil einem die Möpse nicht mehr gefallen, damit haben Sie in meinem Umfeld einen ganz schweren Stand – da könnten Sie genauso gut zugeben, dass Sie im Winter in die Arktis fahren, um Robben zu erschlagen: Es ist ein absolutes No-Go. Der Aufschrei, nachdem das erste Mal das Wort *Brust-OP* gefallen war, war dementsprechend groß. Jeder – die Männer waren inzwischen auch mit im Boot – wusste von ein paar fußballähnlichen Betonbrüsten zu berichten, die sie schon mal gesehen hatten, und am Ende lief es immer darauf hinaus, dass generell über Schönheits-OPs gesprochen wurde und irgendjemand auf dem Handy die Fotos von einem wirklich schlimm zugerichteten Promi herumzeigte. Inés wurde dabei immer stiller, in Inés rumorte es. Es dauerte noch ein paar Monate, bis sie sich selbst gegenüber eingestehen konnte: Ich bin die, die sich die Titten machen lassen will. Und es dauerte noch etwas länger, bis sie das auch ihrem Freund und schließlich uns gegenüber eingestehen konnte. Im ersten Moment hatte das etwas Absurdes. Die Jüngste von uns allen, diese hübsche, schlanke Fee ist ausgerechnet die, die sich unters Messer legen will. In Inés' Fall kam es sogar noch dicker, sie konnte sich das nämlich nicht leisten, sodass sich schließlich ihr Freund bereit erklärte, die Kosten zu übernehmen. Sie war also nicht nur die, die sich die Titten machen lassen wollte, sie war sogar die, die sich von ihrem Freund die neuen Titten zahlen ließ. Was für eine andere überhaupt kein Problem darstellte, war für Inés ein Dilemma: Sie wollte nicht so jemand sein. Ihr Bild von sich selbst passte nicht mit der Brust-OP zusammen und damit, dass sie sich das Ganze von ihrem Freund finanzieren lässt, erst recht nicht. Auch für ihren Freund war es ein Dilemma, denn er war nun der Typ, der seiner Freundin ein Paar neuer Möpse zahlt. Zu ihrem großen Glück haben die beiden Freunde, die mit dem Entschluss das jetzt anzugehen, umsichtig umgingen. Niemand machte blöde Witze, zumindest nicht, bis die beiden nicht selbst ein paar machten.

Nach der OP lugten wir Damen wieder mit Inés gemeinsam in ihr Oberteil und das Ergebnis war toll. Zwar sah zu Beginn alles noch aus wie einem Frankenstein-Film entsprungen, aber schon bald war das ein wunderschönes Dekolleté, natürlich und wohlgeformt. Inés ist überglücklich. »Ich hätte das schon viel früher machen lassen sollen«, resümiert sie.

Viel zu oft verdrängen wir einen Wunsch, weil er nicht zu dem passt, wie wir uns selbst sehen wollen – oder wie uns andere sehen sollen. Manche bekommen das mit etwas

Anlauf hin, wie Inés, manche – nicht. Nadja, die mit der verdammten Diagnose, konnte sich nie dazu durchringen, ihrem Freund zu sagen, dass sie gern heiraten würde, und Bea, eine gemeinsame Bekannte, setzt sogar noch eins drauf: Bea ist zwar nur eins fünfzig groß, aber eine fokussierte, willensstarke Person. Sie hat auf dem zweiten Bildungsweg studiert und ist jetzt Professorin für Anglistik, sie ist außerdem politisch sehr engagiert, besonders wenn es um Frauenthemen geht, intellektuell und linksalternativ und die einzige Person, die ich kenne, die konsequent die weibliche Form »-in« beziehungsweise »-innen« benutzt. Der Vogel – die Vogelin, wenn Sie wissen, was ich meine. Sie weist außerdem permanent ihr gesamtes Umfeld, das bekannte sowie das unbekannte, darauf hin, dass dies eigentlich normal sein sollte und damit geht sie jeder Menge Leute mächtig auf die Nerven. Ich persönlich finde sie toll, zumindest brennt sie für eine Sache und alleine das ist ja schon mal besser, als für gar nichts zu brennen.

Just nun diese Bea, die sonntags in der Fußgängerzone für die wirtschaftliche Gleichstellung der Frau unterwegs ist, hat einen Wunsch, den man ihr auf den ersten Blick nicht zuordnen würde, und der ist heiraten, Kinder kriegen und mit selbigen zu Hause bleiben. Bea wäre gern Hausfrau und Mutter und ich weiß das auch nur, weil wir mal eine halbe Nacht alleine mit einer Flasche Wermut vor ihrer verschlossenen Wohnungstür saßen und auf den

Schlüsselnotdienst warteten. Beas Wunsch ist ihr nicht nur selbst wahnsinnig unangenehm – sie traut sich auch gar nicht, ihn zu äußern. Nicht vor ihren Freunden und nicht vor ihrem Partner. Allein schon deshalb nicht, damit niemand sagen kann: Ach schau, die alte Emanze, im Grunde will sie doch auch nur versorgt werden und Mutti sein. Das geht ihr so gegen den Strich, dass es im Moment so aussieht, als ob sie es tatsächlich nicht macht. Umgekehrt gibt es das natürlich genauso. Ebenso schwierig kann es für eine Hausfrau und Mutter sein zuzugeben, dass ihr der Alltag mit den Gören auf die Nerven geht und sie liebend gern nach drei Monaten Babypause (zwei Wochen, wie auch immer) wieder in den Beruf zurück will. Je nachdem, welche Vorstellung von »was man sollte« und »wie es sein sollte« man so im Kopf hat, kann die den eigenen Bedürfnissen und Wünschen einen Strich durch die Rechnung machen.

Ich selbst hätte wegen diesem »wie es sein sollte« beinahe kein Kind bekommen, und zwar nicht nur jetzt nicht, sondern gar nicht ...

Das war lange auch gar kein Problem, ich wollte nämlich eh keins. Auch nicht, als sich die meisten Paare, mit denen man zuvor so manche Nacht durchgemacht hatte, in Elternpaare verwandelten – die zwar dann auch jede Nacht durchmachten, aber ganz anders. Es änderte sich auch sonst so einiges:

Plötzlich bekam man zu Weihnachten E-Mails, in denen alle Familienmitglieder als Wichtel verkleidet waren, in die Gespräche flossen immer öfter Wörter wie glutenfrei, Calendula-Öl oder U6 ein und ich verstand nur noch Bahnhof, besonders, wenn man die U6 für eine U-Bahnlinie hält. Man erfährt außerdem deutlich zu viel über Farbe und Konsistenz von Windelinhalten, über Tragetücher und Dinkelkekse, und wenn Sie sich im Auto mitnehmen lassen, pappt danach ein Flutschfingereis-Kekskrümelbatzen an ihrer Jeans. Was immer da auch passiert, wenn Leute Kinder bekommen, es ist dafür verantwortlich, dass erwachsene Frauen vor ihren Säuglingen knien, in die Hände klatschen und singen:

Mit den Händen kann man Winken,
mit der Rechten und der Linken,
wenn man sie zusammenpatscht,
machen beide klatsch, klatsch, klatsch.

Ganz zu schweigen von den Telefonaten, die sich in Phantom-Dialoge mit dem Baby verwandeln – warum meinen Eltern immer, man möchte mit ihren kleinen Kindern telefonieren? Kleine Kinder können nicht telefonieren!

Ich: »Unfassbar, dass die Bundesregierung …«
Babymutter: »Ui, kuck mal! Jetzt ist er endlich aufgewacht. Warte, ich gebe ihn dir! Sag mal schön Hallo zur Tante Alex, Maximilian-Ole!«

Baby: » … «

Ich: »Haaaalloooo, Maxi, hörst du mich?«

Baby: » … «

Ich: »Hallo Mäxchen! Hier ist die Tante Alex! Huhu!«

Baby: » … «

…

So geht das recht einseitig weiter, während die Babymutter am anderen Ende der Leitung vor Rührung vergeht, weil Maximilian-Ole »guckt«. Dafür kann er viele andere Sachen: Er pult ganz toll die Knubbel von der Rauhfasertapete, wenn er zu Besuch ist, er kann mit beiden Ärmchen ins Aquarium fassen, zwischen seinen Zeigefingern Spuckefäden ziehen und »Kackwurst« sagen – und dabei ist Maxi-Ölchen noch eins der verträglichen Sorte. Abschreckende Beispiele gibt es zuhauf, aber: hat erst mal das erste Paar damit angefangen, fallen sie alle wie die Zinnsoldaten. Da kann man mit dem ersten freudig gezeigten Ultraschallbild im Freundeskreis gleich ein Söckchen-Abo bei Babywalz beantragen. Von da an wird auf Partys »We will rock you!« nur noch in Zimmerlautstärke gespielt, während man strumpfsockig vorsichtige Tanzbewegungen dazu macht, damit die Kleinen nicht wach werden. Trotzdem sind sie absolut hinreißend. Diese Dreikäsehochs mit ihren bunten Gummistiefeln und den geflickten Brillen, mit verschmierten Eis-Mündern, Spiderman-Schlafanzügen, Lillifee-Nachthemden und Stofftier im Arm. Kleinkinder, die Mittel- und Ringfinger zum Lutschen in den Mund stecken und sich die Augen reiben, weil sie müde sind. Die bei ihren Gehversuchen noch hin und her wackeln wie King Kong in dem alten Schwarzweiß-Film und die nach einem »Nein!« das Verbotene gleich noch einmal tun, ganz langsam, und einen dabei nicht aus den Augen lassen. Kinder, die in ihrem Bettchen liegen und einen anlachen sobald man sich drüber beugt und die alles selber machen wollen und denen eine dicke Träne aus den Augenwinkeln rollt, weil man ihr Schnitzel vorgeschnitten hat. Kinder, die völlig unbegreifliche Dinge lustig finden und sich daran stundenlang freuen können.

Kinder sind großartig.

Großartig ist aber auch, wenn sie nach Spiel und Spaß mit ihren zuständigen Eltern nach Hause gehen. Da spart man sich das Ganze:

- Du MUSST jetzt aber schlafen!

- Leg SOFORT den Schokoriegel wieder zurück.

- Du hast WAS aufs Sofa geschmiert?

Damit fuhr ich jahrelang hervorragend. Während die Bäuche der Damen um mich herum einer nach dem anderen aufgingen wie die Hefezöpfe, beschäftigte ich mich mit anderen Dingen – arbeiten, Bier, Wein, um nur drei zu nennen.

Und dann irgendwann, ohne Vorankündigung, ging es los: Während ich noch am Augenrollen war, weil wieder jemand fragte: *Uuuuund? Wann ist es bei euch soweit??* passierte irgendetwas in meinem Hinterhirn, das Babys, Bärchen-Schlafanzüge und alles aus der Kinderabteilung von Ikea wahnsinnig niedlich werden ließ.

Plötzlich blieb ich vor Schaufenstern stehen, in denen nicht die aktuelle Schuhkollektion in den neuen Sommerfarben von Vialis ausgestellt war, sondern die aktuelle Schühchen-Kollektion in Pastellfarben von Petit Bateau. Ich stellte mir L. vor, wie er ein winziges Baby in den Armen halten würde, was mir fast ein Tränchen der Rührung in die Augen trieb und hatte in Gedanken schon die Häschenbordüre im Kinderzimmer angebracht. Während ich mich schließlich mental auf die Geburt vorbereitete, bezog ich L. in unsere Zukunftsplanung mit ein. Der freundete sich binnen Kurzem mit der Idee an und gemeinsam fingen wir an herumzuspinnen: wie das Kind wohl aussehen würde, welches Geschlecht es hätte und wie man es nennen könnte.[3]

Wir verhüteten nicht mehr und ich war jeden Monat gespannt, wann es soweit sein würde, gemäß dem Motto: Wenn's passiert, dann passiert's.

Es passierte aber nicht.

---

3 Aus: *Ommh Arsch vorbei geht auch ein Weg*, mvg Verlag.

Es passierte ein Jahr lang nicht und das war ganz normal, hieß es, aber auch danach passierte nichts. Mit nervtötender Regelmäßigkeit bekam ich meine Tage, die mich jeden Monat anstrahlten und sagten: »Wir wollten nur Bescheid geben: wieder nichts!« Trotzdem versuchte ich, gelassen zu bleiben, ich war schließlich cool – wenn es nicht klappen würde, dann eben nicht. Gar kein Problem. Ich war entspannt. Ich war so entspannt, dass ich schließlich an dem Tag, an dem meine Regel fällig war, alle fünf Minuten aufs Klo rannte, um zu gucken, ob sie vielleicht diesmal ausblieb.

Schließlich ging ich zum Frauenarzt meines Vertrauens, aber natürlich nur, um nachzusehen, ob alles in Ordnung ist – auf keinen Fall war ich so eine verkrampfte Enddreißigerin, die jetzt unbedingt und auf Teufel komm raus noch ein Kind erzwingen wollte. Ich rechnete mit beruhigenden Worten, ein paar Vitaminpillen und einem herzlichen Toi, Toi, Toi, aber der Frauenarzt äußerte sich relativ unmissverständlich:

»Das wird so nichts, Frau Reinwarth. Sie haben Eileiter wie ein Paar Würstchen«, und dabei ballte er beide Hände zu einer Faust zusammen, »fest zugeschnürt, da geht nichts durch.« Wenn das was werden sollte mit den pastellfarbenen Schühchen, dann müssten wir die bockigen Eileiter umgehen und das hieße künstliche Befruchtung. Also exakt das Gegenteil von *wenn's passiert, dann passiert's*.

»Dann eben nicht.«, war mein erster Gedanke und damit wollte ich das Thema abhaken, schließlich hatte mein Leben auch ohne Kinder jede Menge Schönes zu bieten. Aber Herzenswünsche haben diese Eigenart, nicht locker zu lassen, und wenn man ihnen nicht nachgibt, werden sie quälend und am Ende wird man auch noch krank davon. Als es quälend wurde, musste ich es mir schließlich eingestehen:Ich bin eine verkrampfte Enddreißigerin, die jetzt unbedingt und auf Teufel komm raus noch ein Kind erzwingen will. Wenn das einmal raus ist, wenn man sich und der Welt einen Wunsch eingestanden hat, dann ist schon ein großer Schritt getan. Man hat dem Herz nachgegeben und allein das macht es schon froh. Dann kann man auch anfangen, diesen Wunsch zu verteidigen, in meinem Fall zum Beispiel gegenüber von Leuten, die Dinge sagen wie:

Leute: »Wenn es nicht klappt, dann soll es vielleicht eben nicht sein!«, und nach einer Zeit ringt man sich dann auch zu einer passenden Antwort durch:

Ich: »Hast du deinen Blinddarm noch?«

Leute: »Nein, wieso?«

Ich: »Denk mal drüber nach …«

Es hat Überwindung gekostet, mir einzugestehen, dass ich das unbedingt will. Dass ich bereit bin, für diesen Wunsch viel Geld zu zahlen und viele Nerven zu verlieren. Bei mir war all die Anstrengung glücklicherweise von Erfolg gekrönt und der Erfolg ist heute vier Jahre alt und trägt Batman-Schlafanzüge – vielen Paaren bleibt das aber verwehrt, trotz aller Anstrengung. Aber sie haben alles für sie Mögliche auf sich genommen für ihren Wunsch und sie sollten allen mit einem Herzenswunsch ein Vorbild sein.

Wenn wir noch ein Jahr zu leben haben – ganz ehrlich: Würden wir nicht versuchen, uns die innigsten Wünsche zu erfüllen? Weil es in dem Moment völlig egal ist, was irgendjemand von einem hält, sogar was wir selbst davon halten? Wir würden unserem Herzen folgen, wie immer, wenn wir diesen Gedanken denken. Die Hochzeit in weiß, das Kind, die heimliche Liebe, der Wunsch nach einem unpopulären Beruf, was es auch ist …

Notiz an mich:
Wünsche, die man sich vor sich selbst oder anderen nicht eingestehen will.

ZEIGE DEINE WUNDE

Wenn man vor anderen einen heimlichen Wunsch zugibt (neue Titten, spießiges Leben, unbedingt ein Kind, was auch immer), macht man sich verletzlich. Schließlich war der Wunsch ja heimlich, weil man irgendwas an ihm (und somit an sich) nicht so in Ordnung findet oder fand.

Wenn man sich aber einmal überwunden hat und der Welt diesen Teil von sich gezeigt hat, hat er gar nicht mehr so viel Macht. Es können blöde Kommentare kommen:

(Titten) »Waas? Du musst doch zu deinem Körper stehen!«

(spießiges Leben) »Waas? Das hätte ich nicht von dir gedacht!«

(doch noch ein Kind): »Waas? Weißt du, was da passieren kann?«

Aber je mehr man seinen Wunsch selbst in Ordnung findet, desto weniger ist man getroffen – man rollt nur mehr mit den Augen als sonst.

Es gibt eine Installation von Joseph Beuys (genau, der mit dem Hut) aus dem Jahr 1976, sie heißt *Zeige deine Wun-*

de. Das Kunstwerk ist überraschend unblutig und besteht aus einer Art Krankenzimmer. Es stehen dort zwei Leichenbahren und andere düstere Objekte sowie zwei schwarze Schautafeln, auf die Beuys mit Kreide »Zeige deine Wunde« geschrieben hat. Die Idee ist, dass nur eine Wunde, die gezeigt und ans Licht geholt wird, auch geheilt werden kann. Solange etwas im Dunkeln verborgen vor sich hin schwärt, frisst es sich weiter, wird größer und schmerzhafter. Klingt logisch, oder? Beuys bezog das wohl eher auf die Gesellschaft, ich beziehe aber wie gewohnt alles auf mich, und da passt es bombig. Damit meine ich noch nicht mal nur Verletzungen, die einem zugefügt werden, sondern auch Unsicherheiten und Zweifel, die wie ein Schmorbraten auf dem Herd so vor sich hin köcheln.

Ein klitzekleines Beispiel:

Als L. und ich anfingen, ein Paar zu sein, kamen wir schließlich in die Phase, in der man dem anderen die eigene Welt zeigt: Wohnung, Familie, Haustiere, Lieblingsbücher, lauter solche Dinge. Und auch: Freunde. L.'s Freunde waren schon etwas neugierig geworden, wer und wie wohl »die Neue« sei, ich war auch neugierig, und irgendwann lud mich L. ein, abends in ihre Stammkneipe zu kommen, um sie kennenzulernen. Ich sah so gut wie möglich aus und als ich ankam, standen sie schon alle an der Bar: L., drei Freunde von ihm und zwei davon hatten ihre Freundin dabei. So ein Aufeinandertreffen ergibt ja gern mal ein paar Momente der Anspannung, alle wollen einen guten

Eindruck machen, man hat keine Ahnung, was man sagen soll und dann kann es sich ergeben, dass einer der Anwesenden etwas Unüberlegtes sagt. In der Regel sind das eher die Männer als die Frauen. So auch in diesem Fall. L. hatte uns alle vorgestellt, ich hatte sofort alle Namen wieder vergessen und lächelte breit in die Runde, da sagte einer der Männer: »Das ist ja Kati Zwei!«

Nur soviel: Kati ist der Name von L.'s Exfreundin. Sie hat, ebenso wie ich, lange, braune Haare, dunkle Augen und einen verhältnismäßig großen Mund, deswegen könnte man sagen, es gibt da (rein optisch) Ähnlichkeiten. Was unter Jungs vielleicht als flapsiger Kommentar durchgeht, ließ die anwesenden Freundinnen und mich erstarren. Wir starrten den Mann entgeistert an, was der nicht bemerkte und so wertvolle Sekunden für die Flucht verlor. Die beiden Damen putzten ihn sofort und gnadenlos runter, was diese Anspannung der ersten Begegnung irgendwie auflöste und sie mir sympathisch machte. Ich beteuerte, ich wäre nicht böse (war ich wirklich nicht) und es gab Bier und alle hatten sofort eine Geschichte auf Lager, in welcher Situation sich wer mal danebenbenommen hatte, und es hätte ein wirklich netter Abend werden können. Hätte, hätte, Fahrradkette.

Es stellte sich nämlich heraus, dass diese Bande hier, L. mit seiner Ex und seine drei Freunde mitsamt den zuständigen Freundinnen, sehr viel im Verbund gemacht hatten. Also alle Paare zusammen in den Urlaub, alle Paare zusammen auf Konzerte, wandern, Essen gehen, Kino und Plätzchen backen – nur zusammen in der Kiste waren sie nicht gelandet, aber das war auch schon das Einzige. Treibende Kraft dahinter war wohl allen voran besagte Kati gewesen, die inzwischen in eine andere Stadt gezogen war und sich nicht mehr blicken ließ. Warum ich Ihnen die elend lange Story aufs Auge drücke: Von da an fühlte ich mich dieser Clique gegenüber extrem verunsichert. Also L. gegenüber nicht, aber dem Rest. Es waren die Freunde der Ex und ich fühlte mich unsicher, geduldet und nicht zugehörig. Überraschung: Ich bin generell keine große Freundin von Pärchen-Veranstaltungen. Aber abgesehen davon, wenn wir uns zufällig in der Kneipe trafen, war ich zwar nett und freundlich, aber es war eine Fassade, eine Maske, denn es blieb das Gefühl, die unzureichende Neue zu sein.

Wenn ich noch ein Jahr zu leben hätte …

Wenn ich bis jetzt eines gelernt habe mit diesem Gedanken, dann, dass es sich immer lohnt, mutig zu sein. Dass es sich lohnt, Unsicherheiten zuzugeben und ehrlich zu sein, weil man sich dann besser fühlt und stärker und zwar ganz egal, wie es ausgeht. Und dann habe ich es gemacht. Eines Abends, als ich in der Kneipe, in der wir uns damals kennengelernt hatten, die ganze Blase antreffe, stelle ich mich dazu. Auf ein Bier. Just mit dem, der mich damals »Kati Zwei« genannt hatte, beginne ich zu plaudern und es plätschert so dahin und schließlich sage ich es ihm einfach:

»Weißt du, damals als wir uns kennengelernt haben?« Und er zuckt etwas zusammen, weil er vermutlich denkt, er bekommt jetzt seine Bemerkung um die Ohren gehauen, aber darum geht es mir nicht. »Nein, nicht das«, wische ich seine Bedenken weg, »weißt du, dass ich mir immer irgendwie blöd vorkam mit euch?« Natürlich wusste er das nicht. Wie auch. Und er sieht mich fragend an: »Aber, warum denn?« Und jetzt wird es kompliziert. »Weil ihr dicke Freunde von L.'s Ex seid und ihr mögt euch und habt viel miteinander unternommen und ich dachte, dagegen kann ich nicht anstinken«, lege ich los und jetzt drehen sich auch die anderen interessiert zu uns. »Ich wollte nicht die Neue sein, die nicht so toll ist, wie die Alte …«, stammle ich weiter und denke, dass ich mir bei solchen Aktionen unbedingt ein paar Sätze vorher überlegen sollte. »… deswegen habe ich mich auch eher ferngehalten, weil mir das so unangenehm war.«, schließe ich das Ganze und fünf große Augenpaare sehen mich an. Allgemeine Bestürzung, kurze Stille, sehr unangenehm. Dann reden alle durcheinander.

»Aber so ist das doch gar nicht …«,

»Das wenn ich gewusst hätte …«,

»Wir waren doch gar nicht so dicke …«,

»Ich dachte, du wolltest einfach nichts mit uns zu tun haben …«,

»Ich fand die noch nie besonders –…«,

»Ach die Kati, ich bitte dich …«,

»Warum hast du denn nichts gesagt …?«

Ja, warum habe ich nichts gesagt? Weil ich mir nicht die Schwäche und Unsicherheit eingestehen wollte, nicht diese popelige Eifersucht und nicht zeigen wollte, dass ich Angst hatte, im direkten Vergleich abzuschmieren, und weil es ihnen gezeigt hätte, wie wichtig mir ihre Meinung über mich war. Weil es mich verletzlich gemacht hätte.

Es passiert schließlich, was bis jetzt immer passiert, wenn jemand sein Herz öffnet: Die anderen tun es sofort auch. Als wären sie plötzlich erleichtert, dass jemand eine gläserne Mauer einreißt. Dass sie da ist, haben sie gemerkt, nur warum, wussten sie nicht. Aber jetzt ist sie weg und wir können uns endlich wirklich sehen.

Ich muss an den Stammtisch denken, der sich am Donnerstag in dem französischen Bistro trifft, da war es genauso. Kaum hatte einer angefangen, die Mauer einzureißen, machten alle begierig mit. Wir haben alle so ein großes Bedürfnis nach Verbundenheit und menschlicher Nähe, aber Angst und Unsicherheit, diese Arschgeigen unter den Gefühlen, bringen uns immer wieder dazu, gläserne Mauern hochzuziehen. Bescheuert, echt.

Sogar in Beziehungen passiert das. Ich meine noch nicht mal die ganz großen Hiebe, also zum Beispiel diese großen Fehler, die wir bei »Verzeihen« schon hatten. Ich meine diese kleinen, alltäglichen Verletzungen. Dass man in der Hitze des Gefechts etwas Verletzendes sagt, weil man zornig ist, oder aus reiner Unachtsamkeit einen wunden

Punkt trifft, und manchmal ist man gemein und ungerecht, weil man schlecht gelaunt ist und den anderen das ausbaden lässt. Oft genug schluckt der Betroffene so etwas runter, sagt nicht, dass es wehtut, weil man in dem Moment zu stolz ist und auch zu feige, dem anderen in dieser Situation seine Verletzlichkeit zu zeigen. Wenn es dann doch zu viel wird, bricht es plötzlich und für den Partner recht überraschend aus einem heraus, aber da macht man sich nicht verletzlich, sondern schießt selbst mit scharfer Munition und das macht nichts besser. Nicht gezeigte Wunden sind wie unsichtbare Wände, sie verhindern wahre Intimität und Nähe und plötzlich fühlt man sich dem Partner eben nicht mehr nahe, und da ist sie, die gläserne Mauer.

L. hat eine ziemlich überraschende Strategie in unsere Beziehung gebracht, die will ich Ihnen nicht vorenthalten, uns hat sie schon ein paar Mal den Arsch gerettet:

Wenn mir eines der oben genannten Dinge passiert, und mir passiert besonders gern *dass man in der Hitze des Gefechts etwas Verletzendes sagt, weil man zornig ist…*, dann hält sich L. die Hände vor den Leib, so wie man es früher beim Spielen gemacht hat, wenn einen eine imaginäre Kugel getroffen hat, und ruft: Au!!

Das irritiert mich wahnsinnig und es tut mir sofort so leid, dass ich ihm gerade wehtue, dass ich es prompt sein lasse. Wenn einem jemand leidtut, ist ja auch irgendwie die ganze Verve eines Streits dahin.

So sehr ich auch auf die gläserne Mauer schimpfe und die Verletzlichkeit propagiere, ich weiß natürlich, die sensiblen Pflänzchen unter uns haben angesichts der Welt im Allgemeinen und Besonderen gar keine andere Wahl, als sich irgendwie vor selbiger zu schützen, sonst gehen sie nämlich kaputt an ihr. Man kann es sich schlicht nicht leisten, jeden Morgen beim Nachrichtenlesen zu heulen und dann den Tag über auch nicht mehr damit aufzuhören, man käme ja zu nichts mehr. Das ist auch so ein Merkmal, dass etwas nicht stimmt an unserer Welt, dass die Empfindsamen in Therapie müssen und die Unsensiblen im Gegenzug ganz hervorragend zurechtkommen …

Nicht Wenige legen sich deshalb eine recht raue Schale zu, die ihnen durch den Tag hilft, ohne größeren Schaden zu nehmen. Jana ist so eine. Deren Schale ist eine recht bittere, zynische Art, die zwar mit einem trockenen Humor einhergeht, aber eben die Welt und alle auf ihr kategorisch als schlecht ansieht. Ausgenommen sind Pflanzen, Tiere und kleine Kinder. Allen, die nicht in eine dieser drei Kategorien fallen, unterstellt Jana erst mal alles Mögliche, aber nichts Gutes. Berichte und Enthüllungen von Missständen jedweder Art dienen ihr zur Bestätigung. »Siehst du?«, wirft sie dann gern bei einer Diskussion über eine Ungerechtigkeit ein. »Ich sag doch, die Welt ist schlecht.«

Ja nun. Ist sie. Sie ist aber auch gut, hie und da. Bei Jana dringen Sie damit aber nicht durch, ich auch nicht. Und dann war es plötzlich eine völlig Fremde, die Jana kurz den Glauben an das Gute zurückgab und sie verletzlich machte:

Im Zuge einer wirklich eigenartigen Recherche für ein Buch, besuchte ich mit Anne und Jana eine Veranstaltung, einer indischen Guru. Sie heißt *Amma* und wird auch »Die Mutter der Glückseligkeit« genannt. Sie ist so eine Art Top of the Pops der Guru-Szene, eine erleuchtete Seele mit weltweiter Anhängerschaft, die Mehrzweckhallen füllt wie die Rolling Stones. Ein Guru mit eigener Corporate Identity, eigenem Fernsehsender und einer eigenen Zeitung mit einer Auflage von 900 000 Exemplaren. Dabei macht die gute Mutter nichts anderes, als Leute zu umarmen. Bis zu 24 Stunden am Tag umarmt die Amma Menschen, die teilweise teuflisch lange Anfahrten dafür in Kauf nehmen. *Umarmt diese Leute denn sonst keiner?*, fragt man sich da ja automatisch.

Die Umarmungen sind so etwas wie *Ammas* Markenzeichen geworden und sie ist so erfolgreich damit, dass sie jedes Jahr Reisen auf die verschiedenen Kontinente unternimmt, um sprichwörtlich die ganze Welt zu umarmen. Über 30 Millionen Menschen sollen es inzwischen schon sein, die *Amma* tröstend in die Arme geschlossen hat. Das musste ich mir unbedingt aus der Nähe ansehen. Anne kannte die Veranstaltung schon und war in spiritueller Aufregung vor Freude und Jana kam mit, weil ich noch was bei ihr gut hatte. Jana war auch die Einzige auf dem hunderttausend Quadratmeter großen Gelände, die mit verschränkten Armen vor der Brust und einem Gesicht wie drei Tage Regenwetter herumlief. Der Rest lächelte milde erleuchtet.

Jana war die ganze Veranstaltung ein Graus und sie versuchte, sie schlecht zu machen, wo sie nur konnte. Schon die Tatsache, dass der Eintritt umsonst war, reizte ihren Argwohn:

»Mag ja sein, dass der Eintritt umsonst ist, aber die kommen hier schon auf ihre Kosten, das ist doch die reinste Abzocke«, grummelt sie, denn hier ist eine gut geölte Marketingmaschine am Laufen: Ammas Konterfei lächelt von Büchern, CDs und Filmen, man kann sie sich als Anhänger oder Brosche anstecken oder, mein absolutes Highlight, als braune Stoffpuppe mit nach Hause nehmen.

Selbst als ich vom Stand des Dachverbandes eine Broschüre nehme und zitiere »Die Einnahmen aus Verkäufen und Spenden fließen an das karitative Netzwerk der *Amma*, steht hier«, winkt Jana ab. »Das ist so eine Wischi-Waschi-Aussage, wie soll man denn sowas überprüfen.« Da hat sie natürlich Recht, deswegen lese ich weiter:

- *»ein Häuserbauprojekt, bei dem kostenlose Unterkünfte für obdachlose Familien gebaut werden. Bisher sind 36 000 Häuser errichtet worden*« lese ich auszugsweise vor, und in dem Stil geht es weiter:

- »ein Krankenhaus mit 1400 Betten, das Armen kostenlose medizinische Behandlung bietet, dazu acht kleinere Spitäler auf dem Land und 47 Schulen,

- eine medizinische Hochschule und Forschungslabors,

- die staatlich anerkannte Amrita University mit Übertragungen aus namhaften amerikanischen Universitäten wie Harvard, Princeton, University of California,

- 46 Millionen Dollar zur Unterstützung der Tsunami-Opfer,

- eine Million Dollar für die Opfer des Hurrikans Katrina,

- Altenpflegeheime,

- ein Projekt, das Bedürftigen Rechtsbeistand bietet,

- ein Umweltschutzprojekt zur Förderung des Umweltbewusstseins, das Wälder wieder aufforstet und bestehende Wälder schützt,

- Unterstützung für die Familien von Bauern, die sich aus Geldsorgen umbringen: 30 000 Kinder erhalten Schulgeld/Kleider/Essen und 5000 Frauen eine Ausbildung bezahlt, damit sie in der Baumwollindustrie arbeiten können. Außerdem werden Darlehen für die Eröffnung eines eigenen Geschäfts vergeben, …«

Jana gab sich schließlich geschlagen. »Okay, okay«, sagte sie und überlegte kurz.

»Muss man denn ihrem Verein beitreten oder Buddhist werden oder sowas?« Aber Anne schüttelt siegessicher den Kopf: »Nein, sie sagt Liebe ist die Kernessenz aller Religionen, deswegen ist es total egal, ob man als Hindu, Christ, Moslem, Jude oder Buddhist vor ihr sitzt.« Es steht eins zu null für das bedingungslose Gute gegen Jana.

»Wo ist diese Super-Mutter eigentlich, wenn sie nicht auf Weltreise ist?«, unternahm Jana einen letzten Versuch, den Luxus-Wohnsitz in einem Steuerparadies aufzudecken und ihre Erwartungen bestätigt zu sehen. »Dann ist sie in ihrem Geburtsort«, wusste Anne, »da gibt es eine 30 000 Quadratmeter große Halle, dort gibt sie jeden Tag ihre Umarmungen, oft bis in die Morgenstunden.«

»Warum macht sie das?«, fragte Jana, und Anne zuckt mit den Schultern. »Amma hat mal gesagt, *Liebe und Mitgefühl sind die Dinge, die die Welt benötigt. So viele Menschen werden nicht geliebt.* Ich glaube, deswegen macht sie das.«

Und dann sagte Jana nichts mehr. Ihr Glauben an das Schlechte in der Welt war kurz ins Straucheln gekommen.

Wir saßen auf einer der vielen Stuhlreihen, die vor der Bühne aufgestellt waren, und warteten. Wenn die vorderste Reihe zum Umarmen zur Bühne geht, rutschen alle anderen nach, die Umarmungen kann man live auf zwei riesigen Monitoren beobachten, die links und rechts von der Bühne stehen. Jetzt kann ich sie auch endlich sehen, die *Amma.* Da sitzt eine freundliche, rundliche Frau mit einem langen, schwarzen Zopf auf dem Boden. Sie hat einen gelb-roten Punkt auf der Stirn und ein weißes Walle-Gewand an und: sie lacht.

Wäre alles anders gewesen, würde ich Ihnen an dieser Stelle erzählen, wie perfekt organisiert diese ganze Umarmerei ist. Wie man, in der vordersten Stuhlreihe angekommen, von einer Ordnerin instruiert wird, wie man sich vor *Amma* zu verhalten hat: hinknien und die linke Hand neben *Ammas* rechten Oberschenkel legen. Ich würde Ihnen stecken, dass neben *Amma* eine Gruppe von freiwilligen Helferinnen mit fragwürdigen Frisuren sitzt, die ihr die Stirn abtupfen, Rosenwasser versprühen und ihr immer einen Apfel oder ein Bonbon reichen, die sie jedem als symbolische Gabe mitgibt. Das alles würde ich sagen, wenn es nicht so gewesen wäre:

Kaum knie ich vor ihr und überlege, welches nochmal meine linke Hand oder ihr rechts Bein ist, werde ich kräftig von der *Amma* gepackt und an ihre breite, weiche Brust gedrückt. Es ist keine Umarmung zwischen Erwachsenen, ich werde gewiegt, gestreichelt und liebkost wie ein Kind, das sich in den Schoß seiner Mutter schmiegt. »Meine Liebe, meine Liebe, meine Liebe«, sagt sie in mein Ohr und drückt ihren Kopf fest an den meinen. Und da, ohne dass ich damit gerechnet habe, läuft mein Herz über. Noch eine letzte Umarmung, ein Blick in ihre lachenden Augen und schon werde ich von einer Helferin weiter geschoben. Wie besoffen warte ich neben der Bühne auf Anne, die mir auch schon hinterherkommt und sie deutet auf einen der Monitore neben der Bühne: Im Großformat sehen wir Jana, wie sie in der Umarmung der *Amma* versinkt, wie sie sanft geschaukelt wird und wie ihr plötzlich dicke Tränen über die Wangen kullern. Als Jana auf uns zukommt, lächelt sie, während sie mit einem Ärmel ihres Pullis die nassen Spuren aus dem Gesicht wischt. Und ich lächle auch. Zum einen, weil wir beide wissen, dass ich sie für immer damit aufziehen werde, zum anderen, weil diese kleine, rundliche Frau aus Indien es geschafft hat, Janas Panzer zu durchbrechen und ihr die Hoffnung zurückzugeben, dass das Gute entgegen aller Erfahrung vielleicht doch existiert. Lachend nehmen wir uns in die Arme, untergehakt schlendern wir drei davon und auf unseren Gesichtern liegt das gleiche selig-doofe Grinsen, wie es die meisten hier aufhaben. Es ist eine Ahnung von dieser schönen Idee, dass Liebe und Menschlichkeit die Prämissen unseres Handelns sein sollten. Erstaunlich, dass wir das immer noch nicht hinbekommen haben, zweitausend Jahre, nachdem ein Mann an einen Baumstamm genagelt wurde, weil er gesagt hatte, wie fantastisch er sich das vorstelle, wenn die Leute zur Abwechslung mal nett zueinander wären.[4][5]

Verletzlichkeit ist in Wahrheit Stärke. Nur wer stark genug ist, kann Verletzlichkeit zeigen und zugeben. Die gute Nachricht ist: Anders herum funktioniert das auch! Wenn man sich verletzlich macht und seine Wunde zeigt, macht das auch stark. Einfach, weil man in diesem Moment zu sich selbst steht.

Deswegen, wenn Sie mal wieder an dieser Weggabelung stehen, auf der ein Schild steht in Richtung:

Geringster Widerstand / Unangreifbare Fassade

Dann nehmen Sie doch den anderen, den Weg der Verletzlichkeit mit seinen Sehenswürdigkeiten: Gefühl, Risiko und Selbstwert. Der bringt's nämlich.

---

4 Der letzte Satz ist in Teilen aus *Per Anhalter durch die Galaxis* von dem wunderbaren Douglas Adams entnommen.

5 Die Erfahrung mit Amma ist dem Buch *Ommh Arsch vorbei geht auch ein Weg* entnommen.

Weg der Verletzlichkeit

Apropos mutig sein und Gefühl ausdrücken:

»Jana, wie läuft's? Irgendwelche Fortschritte in der U-Bahn-Sache?«

»Lass mich, ich muss mich noch seelisch drauf vorbereiten.«

Notiz an mich selbst:

- Mut haben, Wünsche offen zu kommunizieren.
- Schwächen und Unsicherheiten eingestehen.
- Keine gläsernen Mauern mehr.
- Mutig sein und Gefühl ausdrücken.

GELD

Hach ja, Geld. Wenn ich noch ein Jahr zu leben hätte … Also, wenn ich noch ein Jahr zu leben hätte, würde ich mir nicht mehr so viele Sorgen um Geld machen. Klar – ab in einem Jahr brauche ich ja auch keins mehr … Tatsächlich mache ich mir ziemlich viele Sorgen um Geld. Wenn keins da ist, wo ich welches herbekomme, wenn welches da ist, wie es möglichst so bleibt, und wenn mehr als genug da ist, was passiert, wenn mal wieder keins da ist. Seit es das Kind gibt, mache ich mir außerdem noch zusätzlich Sorgen, ob das Kind mal genug Geld hat.

Geld ist ein ewiges Thema. Es ist auch ein ewiges Streitthema zu Hause, und zwar seit ich denken kann. Für was man es ausgibt und vor allem für was nicht, eine Sache in der L.'s und meine Meinung zum Teil stark auseinanderdriften. So steht es neues Sofa (ich) zu Lautsprecher (L.) eins zu null, dafür musste ich herbe Rückschläge in Sachen Klamotten und Schuhe einstecken und den alten Opel haben wir nur deswegen noch, weil der Kampf um die Preisklasse des Nachfolgers seit Jahren nicht entschieden wird. Was finden Männer nur an Autos, das es ihnen völlig unmöglich macht, eine vernünftige Entscheidung zu fällen? Meiner Ansicht nach braucht es ein Auto, um von A nach B zu kommen – allerdings wirft dann L. mit einem Blick auf meinen Schuhschrank ein, dass man auch in alten Turnschuhen von A nach B kommt. Jedenfalls, so wie es aussieht, wird uns der alte Opel noch lange erhalten bleiben.

Die Sorge ums liebe Geld hat mir einige graue Haare und ein bis zwei Falten auf der Stirn beschert, von trübseligen Stimmungen ganz zu schweigen. Im Nachhinein betrachtet ist das geradezu lächerlich. Ich wäre an genau dem gleichen Punkt heute, finanziell gesehen, wenn ich mir all diese Sorgen nicht gemacht hätte. Es wäre exakt gleich gelaufen, nicht besser, nicht schlechter! All diese Grübeleien und das Was-wäre-wenn waren für die Katz. Also natürlich sollte man sich überlegen, wofür man sein Geld ausgibt, ob man einen Kredit oder eine Hypothek aufnimmt und solche konkreten Dinge – aber dieses Heraufbeschwören von diffusen Szenarien ist zu gar nichts nütze. L., ein Sonnenschein von einem Gemüt, macht sich hingegen überhaupt keine Sorgen um Geld, weshalb ich mir vorsichtshalber gleich mal Sorgen für zwei mache, also für drei, das Kind mitgerechnet.

»Wenn ich noch ein Jahr zu leben hätte …«, fange ich an diesem Abend zu Hause an und L. ergänzt: »… dann wärst du einverstanden, dass wir ein tolles Auto kaufen.« Das lässt mich kurz stutzen. Denn, nein – wäre ich nicht.

Ich würde mir auch vermutlich nicht »endlich« diesen tollen Ring leisten, den ich immer wieder im Schaufenster bewundere und nur nicht kaufe, weil er einfach unverschämt teuer ist. Auch nicht das neue iPhone oder die neue Kollektion von diesem süßen, französischen Luxuslabel und auch die traumhafte Designerlampe käme mir nicht ins Haus. Designerlampe am Arsch.

Wenn ich noch ein Jahr zu leben hätte, lässt diese ganzen schönen Dinge verblassen, es ist wie ein Sieb, durch das die unwichtigen Accessoires des Lebens flutschen und übrig bleibt nur, was das Herz erfreut. Aber was sind das für Sachen, die das Herz erfreuen? Ich denke zurück, wann das letzte Mal etwas, das man mit Geld kaufen kann, mein Herz erfreut hat … Dann stapfe ich los zum Blumenladen und gehe ganz groß einkaufen. Ich liebe Blumen. Man sieht sie an und ist sofort froher – wer oder was kann das schon von sich behaupten? Und auf dem Weg dorthin komme ich an meinem Lieblingsbuchladen vorbei, was mich daran erinnert, dass Bücher auch so etwas sind, was mich sofort froher macht, und darum kehre ich dort auch noch ein.

»Was ist denn hier los?«, kommentiert L. das erhöhte Blumenvorkommen in unserer Wohnung, als er an diesem Abend nach Hause kommt. »Du kannst dich doch an das Gedankenexperiment erinnern?«, frage ich. »Das, wo ich noch ein Jahr zu leben habe?«

L. sieht sich um und weicht einem riesigen Strauß aus weißen Lilien aus, die von der Kommode in den Gang lappen.

»Ja – was ist passiert? Treffen die ersten Beileidssträuße ein?« Und dann stolpert er mit großem Hallo über den Stapel Bücher, die ich gekauft und noch nicht aufgeräumt habe. Am nächsten Morgen duftet es in unserer Wohnung wie im Gewächshaus des Botanischen Gartens und das ist zwar schön, aber nicht das, was ich meinte mit den Dingen, die das Herz erfreuen, und mit voller Absicht gehe ich auf dem Weg zum Einkaufen an dem Geschäft vorbei, das diesen tollen, unverschämt teuren Ring im Schaufenster liegen hat.

»Geld macht nicht glücklich!«, erinnere ich mich, habe ich damals zum Stiefvater gesagt und an seine Antwort: »Aber man kann sich eine Menge Dinge kaufen, die glücklich machen!«, und an sein Lachen, als er es sagte.

»Na, du?«, sage ich vor dem Schaufenster und sehe ihn mir noch mal genau an. Er ist wirklich sehr schön. »Und? Nimmst du jetzt das neue Buch als Entschuldigung, den Ring zu kaufen?«, trifft Jana später den Nagel auf den Kopf und vernichtet so jede Möglichkeit, das irgendwie vor mir selbst zu rechtfertigen. »Nein«, schüttle ich verärgert den Kopf, denn in einer abgelegenen Ecke meines Gehirns hatte ich diese Möglichkeit durchaus in Betracht gezogen. Jana grinst: »Aber hättest du gern.« Verdammt. Ja.

Und wenn Sie jetzt denken, ich bin eine Luxusmaus: bin ich nicht. Ich brauche ganz viele Dinge nicht. Ich brauche keinen großen Fernseher und mir sind Markennamen total egal. Handy und Computer unterliegen bei mir dem gleichen Prinzip wie das Auto: Hauptsache, sie funktionieren. Die Kleidung für das Kind (und zu einem guten Teil auch meine) ist secondhand und was ich im Monat an Geld ausgebe, ist in den letzten 15 Jahren nicht wesentlich mehr geworden. Aber ich mag schöne Dinge.

Kaum glitzert es ein bisschen und sieht hübsch aus, wacht der kleine Haben-wollen in meinem Kopf auf und hüpft aufgeregt auf und ab. *Wenn ich noch ein Jahr zu leben hätte …*, beruhige ich ihn und überlege noch mal. Als ich damals mit dem Stiefvater im Porsche saß, er das Verdeck öffnete und wir mit großem Spaß über die Landstraße brausten, da war es gar nicht der Porsche, der so toll war. Also es war schon toll, in den Sitz gedrückt zu werden, wenn der Stiefvater Gas gab, und das Motorengeräusch und das schöne Auto, aber das wirklich bezaubernde war der Moment: zusammen Spaß haben, die Haare fliegen im Wind, sich nebeneinander unbeschwert miteinander freuen. Ein Ausflug, nur wir beide.

Was ich mir wirklich leisten würde, wären Momente:

Der Moment, als meine Mutter letztes Weihnachten kurzfristig doch nicht zu uns kommen konnte, weil ihr blöderweise ihre Bandscheiben dazwischenkamen, zum Beispiel. Alle waren wir traurig und wir versuchten, uns mit einem aufmunternden »Na ja, kann man nichts machen«, gegenseitig zu trösten. Allein die Vorstellung, was im Gesicht meiner Mutter passiert wäre, wenn wir uns an Weihnachten ins Flugzeug gesetzt hätten, zu ihr geflogen wären und mit einem Christbäumchen rechtzeitig zu Heilig Abend vor der Türe gestanden wären, treibt mir nachträglich die Tränen in die Augen. Warum zur Hölle haben wir das nicht gemacht? Die Flüge wären teuer gewesen, dann hätten wir mit einem Zug fahren müssen, das alles mit einem kleinen Kind, das obendrein kein kindgerechtes Weihnachten bekommt. Das waren die Gründe. Ganz ehrlich? Wenn ich noch ein Jahr zu leben hätte, keine Sekunde hätte ich gezögert. Ich wäre nur meinem Herzen gefolgt, die Mutter wäre vermutlich ausgerastet vor Freude, der Aufwand wäre mit Vorfreude vermischt gewesen und das Kind hätte erlebt, was an Weihnachten eigentlich zählt.

Der Moment, in dem ich den Urlaub nicht um eine Woche verlängert habe.

Eine Woche waren wir schon auf der sonnigen Baleareninsel, in einem kleinen Steinhäuschen, das zwar nicht luxuriös ausgestattet war, aber es hing eine Hängematte zwischen den Olivenbäumen vor der Türe, eine Holzbank mit Tisch stand auf der Terrasse, im Hintergrund ein blauer Streifen, das Meer. Eine Woche Meeresfrüchte,

Straßenkatzen, spanischer Wochenmarkt, Strand, irgendwelche alten Burgen und verwinkelte Dorfgassen in bunten Farben. »Eine Woche ist zu wenig, ich bin noch nicht fertig«, jammerte ich schon zwei Tage vor der Abreise und L. sagte: »Dann bleiben wir eben noch.« L. hat diese Angewohnheit, Dinge wesentlich einfacher zu sehen als ich, was mich total auf die Palme bringt, weil ich annehme, er denkt einfach nicht einen Schritt weiter … Zum Beispiel an die Tickets, die dann verfallen, an unsere Unterkunft, die vielleicht gar nicht mehr verfügbar ist, an unsere Jobs und an den Hund Schmitz, der langsam aber sicher bei meiner Mutter zur Kugel gefüttert wird, vermutlich. In meiner Welt war der Gedanke »einfach noch bleiben« vollkommen unmöglich – wenn man eine Woche in Urlaub fährt, dann sind das nun mal sieben Tage und wenn man sich auf den Kopf stellt und mit den Zehen wackelt. Wo kämen wir denn sonst hin.

Inzwischen weiß ich ziemlich genau, wo wir da hingekommen wären: in ein kleines Steinhaus am Meer, mit Terrasse und Hängematte. Wir hätten neue Tickets kaufen können und zwar bei einer Billig-Airline. Wir hätten das Haus weiter mieten können. Wir hätten den Hund zur Kugel werden lassen können und wir hätten sogar von der Terrasse aus arbeiten können und zwar mit Blick auf diesen blauen Streifen im Hintergrund – WIR HÄTTEN DEN GANZEN VERDAMMTEN MONAT DORT BLEIBEN KÖNNEN!

Ich würde Geld ausgeben für diese absurd teuren, mit Helium gefüllten Luftballons, die das Kind so liebt und die ich nie kaufe, aus Prinzip nicht, weil ich es nicht einsehe, vier Euro für ein bisschen bunt umhülltes Gas auszugeben. Die Zimmerdecke würde ich ihm voll hangen, während er schläft, und ihm morgens zusehen, wenn er aufwacht.

Ich würde nicht zwei Mal überlegen, ob es Sinn macht, die 1500 Kilometer zu der Hochzeit meines Cousins zu fliegen, der in dem kleinen andalusischen Dorf heiratet, aus dem seine Angebetete stammt – ich wäre generell ziemlich viel unterwegs: Wie viele liebe Menschen habe ich ewig nicht gesehen, weil sie zu weit weg wohnen …

Wenn ich noch ein Jahr zu leben hätte, würde ich für den Familienurlaub nicht nach einem günstigen Hotel in der Sonne suchen, Hauptsache Strand und Pool in der Nähe, weil das am einfachsten ist mit dem Kind. Ich würde dorthin fahren, wo ich schon immer mal hin wollte. Nach Mexiko, nach Jerusalem, nach Peru und Patagonien und Botswana. Wie schnell sich die Welt verkleinern kann, habe ich letztes Weihnachten gesehen: genau, das Weihnachten, an dem meine Mutter nicht kommen konnte. Die hat, seit sie ein junges Mädchen war, von Marrakesch geträumt. Zum einen, weil sie ein alter Hippie ist und zu ihrer Zeit Marrakesch das Mekka der europäischen Hippies war, zum anderen klingt allein schon der Name nach einem schönen Traum. Und dann kam ihr irgendwie ihr Leben dazwischen: Ehemänner, die lieber zum Wandern in die Berge fuhren, ein kleines Kind (ich) und kaum waren Männer und Tochter aus dem Haus, war da ein großes, buntes Rudel an Haustieren, das man wirklich niemandem zumuten konnte, oder verlangen, dass er es für eine Weile zu sich nimmt. Dieser Traum von Marrakesch verblasste, wie Träume, die man zu lange hinter sich herzieht, das so an sich haben, und wurde zu etwas Unwirklichem, bis, ja, bis letztes Weihnachten. Da hatte ich so viel Asche auf dem Konto, dass ich L., dem Kind, der Mutter und mir ein besonderes Geschenk machen konnte: eine Reise nach Marrakesch. Mit einem kleinen Riad ganz für uns, inklusive einem Ausflug übers Atlasgebirge in die Wüste und Übernachten im Zelt, Kamelritt und allem. Ich buchte Flüge, Unterkünfte und Reiseführer, druckte alles aus und freute mich diebisch. Außerdem war ich stolz wie Bolle, denn ICH würde meiner Mutter einen Traum erfüllen, mit dem Geld, das ICH verdient hatte, und selten habe ich für etwas so gern Geld ausgegeben. Dann kam Weihnachten und die Bandscheiben der Mutter drehten durch, woraufhin sie nicht nur nicht zu uns kommen konnte – sie konnte auch nicht mit nach Marrakesch. Und zwar nicht nur jetzt nicht, sondern gar nicht mehr. Zu wild waren die Kapriolen, die verschiedene Bandscheiben in ihrer Wirbelsäule aufführten und zu hoch das Risiko, in einem fernen Land nicht sofort bei einem Spezialisten zu landen, falls eine Unebenheit in der Straße das Ganze ins Wanken bringen würde. Vom Überqueren des Atlasgebirges und Kamelritt ganz zu schweigen. Und so flogen wir alleine, schrieben ihren Namen in den Wüstensand und schickten ihr das Foto, über das sie weinte, aus Rührung, aber auch aus Trauer um einen Traum, der nicht mehr Wirklichkeit werden wird. Nie war er unmöglich gewesen, bis jetzt, sie hatte ihn nur einfach in ihrer Prioritätenliste immer nach unten geschoben, wegen Dingen, die nicht wichtig waren.

Ich würde in diese Momente investieren, von denen man sich wünscht, dass sie nicht vorbeigehen. Für noch eine Flasche Wein in der schönen Strandbar, in der man in einer lauen Sommernacht sitzt.

Ich würde gern den Moment genießen, in dem ich viel Geld verschenke, an die, die es brauchen.

Ich würde Geld ausgeben für Dinge, die sich als Bereicherung anfühlen – zum Beispiel für einen Reiseführer vor Ort. Also einen echten, lebenden Menschen, nicht die neueste Digitalausgabe von Lonely Planet. Man kann natürlich auch so durch Rom laufen und sich das Kolosseum ansehen, ein Selfie auf der Spanischen Treppe machen und eine Münze in den Trevibrunnen werfen, und das ist auch schön. Aber etwas Besonderes ist es, wenn ein alternder, italienischer Professor vom Zauber der Ewigkeit Roms spricht, der keine räumlichen oder zeitlichen Grenzen gesetzt sind und eine kleine Schaufel mitgebracht hat, mit dem er das Kind auf einem der Hügel graben lässt, um ihm zu zeigen, dass wir auf alten Scherben stehen, auf den Scherben einer Stadt, die sich seit Hunderten von Jahren vor Christus immer wieder erneuert.

Diese Magie kriegen Sie im Lonely Planet nicht. Oder der Reiseführer einer kleinen Kasbah in Marokko, einer überschaubaren Festungsanlage aus Lehm zwischen Dattelpalmen und Sand, irgendwo im Atlasgebirge-Nirgendwo. Da können Sie gegen kleines Entgelt hineingehen, sich umsehen, alte Werkzeuge bewundern und über eine windschiefe Treppe in den ersten Stock gelangen und dort in die rote Weite sehen. Das ist schön, keine Frage. Wenn Sie aber den jungen Mann, der am Eingang herumlungert und der Ihnen eine Führung andrehen will, mitnehmen, wird er Ihnen unter Umständen erklären, wie man diese Werkzeuge benutzt hat. Er wird Sie auf das Bewässerungssystem im Innenhof hinweisen, auf die wenigen Pflanzen, die es ermöglichen, innerhalb der Kasbah autark zu sein und er wird Ihnen erklären, dass die Treppe in den ersten Stock deswegen so schief ist und so unterschiedliche Trritthöhen hat und so einen niedrigen Durchschlupf, damit mögliche Angreifer diese nicht schnell erklimmen können. »Und wenn sie dann doch kommen und den Kopf einziehen, hauen die Verteidiger – Zack! von oben den Kopf ab!«, freut sich der Reiseführer, und wenn Sie das Kind fragen, war das der Höhepunkt der ganzen Reise.

Ich würde mehr Geld ausgeben für Momente, in denen ich mich frei fühle: auf einem Pferd durch den Wald galoppieren, in einem Segelflugzeug über den Wolken schweben und auf Konzerten laut mitsingen. Tauchen und tanzen und einen Tag blau machen, um mit dem Kind in einem Mohnblumenfeld zu liegen. Solche Dinge. Wenn ich sie nicht auf der Prioritätenliste nach oben schiebe, werden sie nicht passieren vor lauter Alltag.

… und ich würde in Kauf nehmen, weniger Geld zu verdienen, wenn ich dafür mehr lebenswerte Momente bekomme. Deswegen kommt diesen Herbst auch kein neues Buch von mir heraus. Ich werde diesen Sommer nicht im Büro unter der Klimaanlage verbringen, das Kind in die Ferienbetreuung geben und den Abgabetermin herbeisehnen. Auch wenn Verlag und Lektoren sich das sehr wünschen und es wirklich vernünftig wäre und ich verdammt gutes Geld verdienen könnte. Wir kommen finanziell auch ohne dieses Buch aus, und wenn ich noch ein Jahr zu leben hätte, dann wäre dieser Sommer mein letzter und darin kommen keine Worte wie Klimaanlage, Ferienbetreuung und Abgabetermin vor, sondern Badesee, grillen und Picknick im Park, ausschlafen, Pommes im Schwimmbad, Ausflug und Terrasse und Sommernachtsmond. Solche Dinge.

... UND GUTES TUN

Während ich überlege, für was ich am liebsten mein Geld ausgeben würde, merke ich, am aller-allerliebsten möchte ich Geld ausgeben, um anderen eine Freude zu machen. Das kommt für mich überraschend – hätten Sie mich in einem unbedachten Moment gefragt, ich hätte Sie aus dem Stand auf dieses Geschäft mit dem hübschen Ring verwiesen.

Tatsächlich sind die schönsten Momente, die ich mir vorstellen kann, immer mit anderen Menschen verbunden. Ich will gar nicht Großartiges erleben, ich will zusammen mit meinen Lieben Großartiges erleben und zwar großartig im Sinne von *Gemeinsamkeit genießen*, nicht im Sinne von *am Karibikstrand liegen*. Gut – wenn man diese Gemeinsamkeit an einem Karibikstrand genießen könnte, wäre das auch nicht schlecht. Aber wissen Sie, was ich meine? Die schönsten Momente, die ich mir vorstellen kann, haben immer damit zu tun, anderen eine Freude zu bereiten. Meiner Mutter, dem Kind, L. und meinen Lieben. Das ist wie an Weihnachten. Es ist zwar toll, Geschenke zu bekommen, aber wenn Sie wissen, Sie haben ein absolutes Knaller-Geschenk für jemanden und werden das gleich übergeben, dann macht einen das noch viel froher als alles andere. Selten war ich glücklicher, als ich L., mit der Hilfe aller Freunde und für ihn völlig überraschend, das alte Motorrad kaufen konnte, von dem er seit Jahren geträumt hatte. Diesen Augenblick werde ich nie vergessen, und wie er damals aussah, als wir alle zusammen damit die Straße raufkamen, auch nicht. Bei so etwas schwappt einem das Herz über vor Freude. Wenn das Kind seinen Geburtstagstisch sieht und quietscht und am allertollsten den bunten Kuchen mit den Kerzen drauf findet. Wenn man aus den alten Super 8-Filmen der Familie, die seit Jahrzehnten kein Mensch mehr gesehen hat, eine DVD macht und beim Vorführen die Tränen der Rührung sieht und die Beseeltheit. Wenn ich noch ein Jahr zu leben habe, sind es nur diese Momente, die zählen. Glitzernde Ringe sind am Arsch.

Dass der Ring nicht als Herzenswunsch übrig bleibt, damit war ja zu rechnen, aber was mich verwundert, ist, dass es mir ein größeres Bedürfnis ist, andere zu beglücken, als mich selbst zu beglücken. Nicht, weil ich ein selbstloses Huhn bin oder die Reinkarnation von Mutter Theresa, sondern aus dem einfachen Grund, weil es mich glücklicher macht. Ich will die Menschen um mich glücklich sehen – entweder ist das eine Auswirkung vom Gedankenexperiment oder ich bin ein verdammter Hippie.

Ich habe für uns in der Fachliteratur mal nachgesehen und es heißt, die Evolution hat es einfach geschickt angestellt und gemacht, dass in dem Moment, in dem wir die Freude in den Augen unseres Gegenübers sehen, Dopamin und Endorphine in unserem Gehirn ausgeschüttet werden, also der gute Stoff, der uns sofort glücklich macht. Außerdem stärkt es ein Gefühl der Verbundenheit mit anderen Menschen, und darauf fahren wir ja seit der Säbelzahntigernummer total ab. Das ist wirklich sehr clever von der Natur gesteuert, um unser Weiterbestehen zu sichern.

Eine andere, etwas poetischere Theorie ist, dass wir in dem Moment, in dem wir ein Selbst-Bewusstsein entwickeln, also wenn uns bewusst wird, dass wir allein auf dieser Welt sind und dass wir sterben werden, Einsamkeit erfahren. Um diese Einsamkeit zu überwinden, suchen wir Erlebnisse, die diese Grenze zwischen dem Selbst und der Außenwelt scheinbar aufheben, um sich mit der Welt verbunden zu fühlen. Denken Sie an das überwältigende Gefühl, sich ganz als Teil einer Gruppe zu fühlen. Oder sich bei orgiastischem Sex *aufzulösen*. Oder während des neurotischen Zustands des Verliebtseins *eins zu werden* mit dem Partner. Liebe, Drogen und Rituale, wie zum Beispiel beten, können diesen Zustand herbeiführen. Oder tanzen und künstlerisches Schaffen, wie Erich Fromm in *Die Kunst des Liebens* schreibt. Wenn wir Gutes tun, stärkt das auch das Gefühl der Verbundenheit, es schafft ein Wir-Gefühl. Kurz gesagt, wir sind im Grunde unseres Herzens alle verdammte Hippies.[6]

»Stell dir mal vor, wir würden Anne zum Geburtstag schenken, dass wir mit ihr nach Disneyla...«, und weiter komme ich nicht, denn Jana wedelt mit beiden Händen hektisch vor meinem Gesicht herum, »...sag es nicht!«, schüttelt sie dazu noch den Kopf. Aber ich sage es doch. Es wäre die größte Freude, die wir Anne machen können, sie hat bald Geburtstag und außerdem könnte sie ein bisschen Aufmunterung gut gebrauchen. »Es ist ewig her, dass wir das letzte Mal etwas zusammen unternommen haben!«, argumentiere ich weiter und Jana versucht sich in Alternativvorschlägen: »Wir könnten – in ein Wellnesshotel! Oder wandern gehen! Wir könnten ihr ein Feier-Wochenende in Berlin schenken! Oder in Castrop-Rauxel! Wir könnten uns einer Blinddarmoperation unterziehen, ganz egal – aber nicht Disneyland!«

Ich muss grinsen. Jana würde sogar lieber an einem Verkehrsunfall teilnehmen, als mit uns in den Freizeitpark zu fahren, soviel ist klar. Es wird eine anstrengende Diskussion, aber im Diskutieren bin ich gut und Jana weiß im Grunde ihres Herzens, dass die Idee toll ist und ich weiß, dass sie das weiß. Ihr letztes Argument – »teuer!« – kann

6 Ich sage »verdammte« Hippies, weil ich es lustig finde – nicht, weil ich Hippies doof finde. Ich bin ja selber einer.

ich vor Ort mit dem Handy entkräften: Es gibt Last Minute Eintrittskarten für 45 Euro pro Person, ein Billigflieger hat noch Plätze frei und irgendeine günstige Airbnb-Butze würden wir auch bekommen – dann war Jana geschlagen in allen Punkten und willigte ein.

»Jippiieeh!«, freue ich mich. »Dann besorge ich gleich noch Meerjungfrauenschwänze für uns alle!«, das ist zwar ein Scherz, aber Janas Gesichtsausdruck ist unbezahlbar …

Als wir an Annes Geburtstag bei Torte und Cava zusammensitzen und ihr ein Kuvert mit den ausgedruckten Eintrittskarten überreichen, strahlt Jana wie ein Honigkuchenpferd. Anne erwartet vermutlich einen Gutschein, eine Kinokarte oder Selbstgemaltes vom Kind, deswegen sieht sie Jana verwundert an: »Habt ihr vorgeglüht?« Haben wir nicht. Auch wenn es sich ein klein wenig so anfühlt. Vorfreude, auch so etwas, was aus dem Herzen kommt.

Anne starrt wirklich lange auf die Tickets bis sie den Kopf hebt und uns fragend ansieht. »Nee, oder?« und aus Jana bricht all die zurückgehaltene Freude heraus: »Doch, Baby! Wir fahren zusammen nach Disneylaaaaand!« und dann quietscht Anne los und dann quietscht Jana los und dann nehme ich die beiden lachend in die Arme. So sollen Momente sein.

In Disneyland ist es dann genau andersherum als an dem Tag am Strand mit dem Kind, an dem wir an den perfekten Ort fuhren und dort wahnsinnig un-entspannt waren: Wir sind an einem Ort, den ich persönlich furchtbar finde (genauer gesagt, im rosa Dornröschenschloss mit all seinen Einkaufsmöglichkeiten), aber wir haben wahnsinnig viel Spaß, weil wir den Moment genießen. Wir sind zusammen, wir albern herum und Anne flirtet mit Goofy, was das Zeug hält – es ist perfekt. Wenn ich an diese Tage denke, schwillt mein Herz an. Als wenn es zu groß für den Brustkorb wäre und das ist ein Gefühl, das will ich immer wieder haben. So, wie wenn man verliebt ist, nur ohne die ganze Unsicherheit und dem »Wann ruft er wohl an« und dem heimlichen Angucken von Profilfotos.

Nach dem Bombenerfolg in Disney-rosa überlege ich, wie und für wen ich so etwas noch machen könnte. Die gute Nachricht: Niemand sonst will nach Disneyland. Die schlechte Nachricht: Für die nächste Freude muss ich nach Schweinfurt und das kommt in meiner Rangliste der unbeliebten Orte ganz knapp hinter Disneyland. In Schweinfurt wohnt die Mutter meines Vaters, also eine Art Oma. Ich sage »eine Art Oma«, weil sie in meinem Leben nichts von dem gemacht hat, was Omas in der Regel so machen: auf die Enkel aufpassen, Zwetschgenkuchen backen und mal ein Buch vorlesen, zum Beispiel. Die Mutter meines Vaters machte eher so Dinge wie: Italien bereisen, Bekanntschafts-Anzeigen aufgeben und tanzen gehen. Ich werfe ihr da nicht das Geringste vor, im Gegenteil – vor die Wahl gestellt, kann ich mir vorstellen, dass ich auch eher zu der zweiten Option tendieren würde. Jetzt hat es sich aber ergeben, dass es um diese Oma nicht gut bestellt ist. Verschiedene Krankheiten, die oft mit dem Alter mitgeliefert werden, sind über die Oma hergefallen und machen ihr das Leben schwer. So schwer, dass sie nicht mal mehr aus dem Rollstuhl aufstehen kann, der sich in einem Pflegeheim befindet, mitten im schönen Schweinfurt. Die Oma hat mein Kind noch nie gesehen – und mich hat sie, glaube ich, das letzte Mal gesehen, da hatte ich gerade den Führerschein gemacht, und ich verrate nicht zu viel, wenn ich sage, dass das schon eine Zeit lang her ist.

Weil die Oma nun nicht mehr Italien bereisen, Bekanntschafts-Anzeigen aufgeben und tanzen gehen kann, merkt sie, dass in ihrem Leben andere Dinge zu kurz gekommen sind, um die sie sich einfach nicht gekümmert hat. Ihre Familie, zum Beispiel. Ihre Kinder, ihre Enkel und auch ihre Freunde. Ein Teil der Familie hat der Oma ihre früheren Prioritäten so übel genommen, dass sie nun auch nichts von ihr wissen will, »Auge um Auge, Zahn um Zahn«, so in der Richtung.

Ich habe ihr nicht übel genommen, dass sie ihr Leben gelebt hat, wie sie wollte, und habe mich auch nicht verletzt gefühlt davon, weswegen ich auch kein noch so winziges Ressentiment ihr gegenüber hege und gern auf ihren zaghaften Annäherungsversuch in Form eines Briefes antworte. Sie würde sich so freuen, schreibt sie, uns zu sehen, und wenn ich noch ein Jahr zu leben hätte … Jedenfalls sitze ich keine Woche später mit dem Kind im Zug nach Schweinfurt, der Welthauptstadt der Kugellager.

Nachdem ich dem Kind völlig unzureichend erklärt habe, was Kugellager sind und was eine Ur-Oma ist, kommen wir in dem Pflegeheim an, in dem es nach einer Mischung aus Putzmittel und Kantine und Alter riecht. Das Kind fragt, ob der durchgehende Handlauf in den Gängen, an dem sich die alten Menschen festhalten können, eine Ballettstange ist, und die Frage deprimiert mich ein bisschen, denn das hier ist exakt das Gegenteil einer Ballettstange. Als wir bei der Oma an der Tür klopfen, ruft sie »Kommt rein!« und da sitzt sie dann: zurechtgemacht und aufrecht in ihrem Rollstuhl, mit Schokolade in der Hand, für das Kind. »Meine Güte, was bist du für eine schöne Frau geworden«, entfährt es ihr, als sie mich ansieht und ich drücke sie vorsichtig. Das Kind liebt die Ur-Oma sofort, als es die Schokolade entdeckt und klettert ohne Berührungsängste auf ihren Schoß. »So viel verpasste Zeit«, sagt sie und hat ein Tränchen der Rührung in den Augen und weil ich nahe am Wasser gebaut bin und bei mir ja das Herz seit einiger Zeit offenliegt, schniefe ich gleich ein bisschen mit. Fehlt nur noch, dass das Kind »So viel verpasste Schokolade« sagt und mitheult.

Weil die Oma und ich keine verquaste, gemeinsame Vergangenheit haben, sondern einfach gar keine, gibt es auch kein kompliziertes Lavieren um Tabu-Themen, wie das im Familiengefüge ja gern mal der Fall ist, und wir können offen und frei reden. Wie ihr Leben war, wie meins ist, und nach all den Erfahrungen bis jetzt, wie gut es läuft, wenn man sein Herz offenlegt, erzähle ich ihr auch nicht nur das oberflächliche Geschehen, sondern was mich umtreibt, dass L. eine eigene Wohnung hat und warum, und um was ich mir so Gedanken mache, gerade. Und es ist genauso wie mit dem Donnerstags-Stammtisch und all den anderen Gesprächen bis jetzt: Auch die Oma liefert nicht nur einen Bericht über Gegebenheiten, sondern erklärt, wie es zu ihnen kam, wie sie sich fühlte, was sie heute bereut und sie schmerzt. Es ist ein wunderschöner Nachmittag, auch wenn wir nicht das klassische Oma-Enkelin-Gespann sind, sondern mehr wie Freundinnen mit einem großen Altersunterschied. Vielleicht auch gerade deswegen. Als das Kind und ich wieder im Zug nach Hause sitzen, hallen noch einige Sätze der Oma in mir nach. Ich hatte sie gefragt, was sie bereut, im Nachhinein. Welchen Fehler sie nicht mehr machen würde, wenn sie auf das zurückblickt, was bis jetzt war. Aber statt aufzuzählen, was sie nicht mehr machen würde, hat sie lediglich die Dinge bereut, die sie *nicht* getan hat und Fehler, die sie *nicht* begangen hat. »Ich frage mich, wozu die ganze Vorsicht gut war«, hat sie gesagt, »wir sterben ja eh irgendwann«, und mit einem Blick auf mich und das Kind: »manche früher, manche später.« Und dann reißt mich das Kind aus meinen Gedanken, weil es ein paar Fussel aus den Ritzen der Sitzpolster essen will.

»Und, wie war's?«, fragt L. an diesem Abend, und ich erzähle ihm von diesem schönen Gefühl, anderen eine Freude zu bereiten. »Ja«, sagt L., »aber es sind nicht nur die großen Freuden, die kleinen zählen auch.« Und je länger ich darüber nachdenke, desto mehr stimme ich ihm zu. Wenn ich zum Beispiel daran denke, wie es sich anfühlt, einem Straßenmusiker Geld in den Hut zu werfen oder einer alten Dame auf der Parkbank Zeit zum Zuhören zu schenken. Einem Kind ein Eis auszugeben, ein ehrliches Kompliment zu machen und den Hund vor dem Supermarkt zu streicheln bis der Besitzer zurückkommt. Geld spenden. Kleidung spenden. Aushelfen, wo man gebraucht wird, und der Nachbarin die Einkäufe hochtragen. Jemanden beruhigen, der Angst hat, und an der Supermarktschlange vorlassen, weil er nur Brot kauft, während man selbst den Einkauf für den nächsten Monat vor sich her schiebt. Fremde Autofahrer in Parklücken winken und jemandem aufhelfen, der hingefallen ist. Bettlern Geld, Kaffee und Lebensmittel geben, und Orte schöner verlassen, als man sie vorgefunden hat. Marienkäfer sicher nach draußen bringen, ein Geschenk machen, auch ohne dass ein Anlass besteht, und Patenschaften übernehmen. Umarmen, wer eine Umarmung braucht, und Entschuldigungen annehmen. Fehler nachsehen. »Kann ich Ihnen helfen?« fragen, wenn Unbekannte ratlos sind, und dann helfen. Müttern mit Kindern die Türen aufhalten, den Sitz frei machen und ihr schreiendes Baby bespaßen …

Sehen wir der Wahrheit ins Gesicht: Es ist mir ein Bedürfnis, Freude zu verbreiten. Gutes zu tun, und zwar nicht nur meinen Lieben – ich will, dass es allen gut geht.

Je öfter ich das tue, was ich wirklich tun will, desto größer wird mein Herz, so fühlt es sich zumindest an, und gleichzeitig breitet sich Wohlwollen der Welt gegenüber in mir aus. Was nicht heißt, dass ich beim Autofahren nicht immer noch über den Deppen vor mir fluchen kann. Aber ich fühle mich immer stärker, sicherer, und das macht mich dankbar und der Welt gegenüber ungemein nachsichtig und freundlich. Mit jeder Entscheidung, die ich aus dem Herzen fälle und nicht aus irgendeinem anderen verquasten Grund, bin ich unverwundbarer, obwohl ich mich verwundbarer mache – weil ich um meine Stärke weiß. Vermutlich heißt mein nächstes Buch *Wie ich ein Jahr lang versuchte, mit diesem dämlichen Grinsen aufzuhören.*

Aber es nimmt mich auch alles mehr mit, geht direkter ins Herz und mein Mitgefühl liegt bloß, was mich an unserer Welt mit allen ihren Missständen mehr leiden lässt; gerade so, als hätte jemand eine schützende Schale von mir abgelöst. So spürt man zwar die wärmende Sonne besser, aber eben auch den kalten Wind.

»Hier«, sagt Jana und schiebt mir ein kleines Kästchen über den Küchentisch. Es war der Geburtstag des Kindes. Das liegt selig schlummernd in seinem Bett, zwischen Piraten-Verkleidung, Playmobil-Rittern und Stofftieren und hat sein liebstes Geburtstagsgeschenk, eine Kettensäge aus Plastik, fest im Arm. Die Kumpels aus dem Kindergarten mitsamt ihren Eltern sind wieder weg, die Wohnung sieht aus, als hätte sich ein Trupp Bauarbeiter mit einer dieser Maschinen, mit denen man den Straßenbelag aufbricht, einmal quer durch selbige gearbeitet, und vom Garten will ich gar nicht erst anfangen. Anne, L. und Lotta, der schreckliche Dirk und Oli, Petra und Jana sowie ein einzelner Vater, der anscheinend lieber bleibt, als mit der Familie nach Hause zu gehen, sitzen noch am Küchentisch. Das Kästchen steht zwischen Papptellern mit Tortenresten und Weingläsern vor mir und ich weiß nicht, was das jetzt zu bedeuten hat. »Was ist das«, frage ich auch prompt, und Jana kontert: »Ein Kästchen?«

Erst jetzt fällt mir auf, dass allen Anwesenden bis auf den versprengten Vater so ein wissendes Lächeln um den Mund spielt, das sagt: Wir wissen was, was du nicht weißt. Diese geballte Aufmerksamkeit ist mir unangenehm, das ist so, wie wenn am Geburtstag alle Happy Birthday singen und man selbst weiß während der ganzen Zeit nicht genau, wie man gucken soll – und dann grinst man dümmlich in die Runde. Ich grinse also dümmlich in die Runde und öffne das Kästchen. Darin, auf einem kleinen Samtkissen, steckt der glitzernde Ring, den ich immer wieder im Schaufenster bewundere und nur nicht kaufe, weil er einfach unverschämt teuer ist. Ich verstehe überhaupt nichts. »Was ist ....??« und beinahe hätte ich gesagt *Was ist das*, als wäre der Gegenstand irgendwie missverständlich. Also frage ich das nächst Naheliegende: »Warum?«

Und da legt L. seine Hand auf meine und sagt: »Weil du die beste Mama bist und weil ich dich liebe.« Und Anne legt ihre Hand auf unsere beiden: »Und weil du die beste Freundin bist, die ich mir wünschen kann.« Und ich muss wirklich entgeistert aus der Wäsche geguckt haben, denn Jana muss lachen, als sie mich ansieht und ebenfalls ihre Hand auf unsere legt: »Weil du mein Leben so viel schöner machst.« Und sogar der schreckliche Dirk verkackt es nicht: »Weil du das Richtige gesagt hast.« Und so geht es reihum und noch während ich mir das alles anhöre, brechen alle Dämme und ich schluchze, was das Zeug hält. Die Damen heulen gleich mit, die Herren schniefen und sogar der eigentlich unbeteiligte Vater sagt mit zittriger Stimme: »Ist das schön.«, und legt einfach seine Hand auf unsere Hände obendrauf.

Es wird ziemlich viel geheult in diesem Buch, fällt es Ihnen auch auf?

Ich habe einen Ring. Es ist ein glitzernder, unverschämt teurer Ring und er ist wunderschön. Ich hätte ihn auch wunderschön gefunden, wenn ich ihn mir selbst gekauft hätte, keine Frage. Aber jetzt ist das zweitrangig, denn wenn ich ihn ansehe (und ich sehe ihn oft an), dann bin ich so voll mit dieser Liebe, die an unserem Küchentisch zu spüren war, dass mein Herz fast explodiert.

Und das ist ungefähr so wie Gemeinsamkeit an einem Karibikstrand – nur besser.

NICHT PERFEKT

Seit ich nur noch ein Jahr zu leben habe, merke ich, dass es einen Haufen Dinge gibt, mit denen ich mich nicht mehr herumschlagen will. Dinge, mit denen ich mich normalerweise ziemlich viel herumschlage, teilweise sogar, ohne es zu merken. Zum Beispiel mein Bemühen, dass mich meine Umwelt für eine gute Mutter hält. Ich merke das, wenn das Kind und ich uns in eine Situation bugsieren, in der mir die Hutschnur hochgeht. In unseren eigenen vier Wänden kann es nämlich in solchen Situationen durchaus zu einem Donnerwetter kommen, mit schimpfen, erpressen und drohen, mit »Ich zähle jetzt bis drei …« und »Wenn du nicht sofort, dann …« und allem. Bewegen wir uns im öffentlichen Raum, bin ich hingegen geschätzt fünfmal so geduldig wie zu Hause. Es ist mir einfach peinlich, die Öffentlichkeit wissen zu lassen, dass ich das Kind nicht im Griff habe, wenn es um, sagen wir, Kinderüberraschungseier geht. Ich kann mich erinnern, dass das schon so war, als ich selbst noch ein Kind war. Wenn Besuch da war, konnte man sich viel mehr erlauben als sonst, denn vor

Tante Hilde und Onkel Horst gab es kein Donnerwetter. Gut, könnten die Blicke meiner Mutter töten, wäre ich damals mehrere Tode gestorben, aber das bin ich nicht.

So wenig wie ich die Öffentlichkeit an meinem pädagogischen Scheitern teilnehmen lassen will, möchte ich, dass sie davon erfährt, dass es bei uns zu Hause Tiefkühlpizza gibt, dass das Kind Schokomüsli frühstückt, dass ich es vor dem Fernseher »parke« und dass ich bei der Frage des Kindes nach dem »Warum?« nicht jedes Mal die Flipchart raushole und alles erkläre, sondern »Weil ich es so sage« eine völlig ausreichende Begründung darstellen kann.

Das alles verheimliche ich vor der Öffentlichkeit wie ein Drogenlabor, weil das Bild, das ich von einer guten Mutter habe, irgendwie nicht ganz übereinstimmt mit dem Bild, das ich abgebe. Von den Bildern, die von außen an einen herangetragen werden, ganz zu schweigen:

Das ging in der Schwangerschaft schon los – permanent hatte ich das Gefühl, ich muss mich rechtfertigen. Warum ich *jetzt* ein Kind bekomme (wo ich doch schon so »alt« bin), ich musste ja wohl eine diese Karrierefrauen sein, die auf Kosten ihres Erfolgs dem Kind eine alte Mutter zumuten. Wäre ich jung gewesen, wäre der Vorwurf gewesen, dass ich wohl gar keine beruflichen Ambitionen hätte …

Warum ich im Krankenhaus entbinden wollte statt im gewohnten Umfeld zu Hause (und was sich die Mütter anhören müssen, die genau dies tun, davon will ich gar nicht anfangen – geschweige denn diejenigen, die mittels geplantem Kaiserschnitt entbinden). Warum ich dieses essen würde und ob ich nicht zu wenig von jenem äße und überhaupt: Ich wüsste schon, dass ich stillen müsste? Wegen der Allergien? Aber ja nicht länger als ein Jahr! Das Feld ist schier unerschöpflich und erstreckt sich über alle Lebensbereiche: wie das Kind auf die Welt kommt, wo es schläft und was man machen soll, wenn es ebendies nicht tut, wie es ernährt, geimpft, getragen und betreut werden soll. Und das einzig Gute an diesen vielen Bildern, die von außen an einen herangetragen werden, ist, dass sie zum Teil so unterschiedlich sind, dass man irgendwann merkt, man kann getrost abschalten und das machen, was man meint. Manche bekommen es sogar hin, dass sie sich nicht mehr dafür rechtfertigen.

Wenn es aber darum geht, was ich persönlich für ein Bild von einer guten Mutter habe, ist es schwieriger. Das kann ich nicht so leicht abschalten und wenn ich dem nicht entspreche, ist es mir unangenehm.

Tiefkühlpizza, Schokomüsli, der Kinderkanal KiKa und auch »Weil ich es sage« kommen in diesem meinem idealen Bild nicht vor, nur bei mir zu Hause. Auch »Ich zähle jetzt bis drei …« und »Wenn du nicht sofort, dann …« haben da eigentlich keinen Platz. Liefe es so, wie ich mir das vorstelle, dann hätte ich in brenzligen Situationen den perfekten, pädagogischen Kniff parat, mit dem sich selbige kindgerecht, lächelnd und zeitnah lösen lassen. Ich habe diese Kniffe aber nicht, ich bin nämlich nicht die Supernanny und habe stattdessen: ein schlechtes Gewissen. Ich bin manchmal ratlos, ungeduldig und genervt, ungerecht, harsch, müde und schlecht gelaunt. Also genau das Gegenteil von der Mutter, die ich gern wäre. Ich kann nicht mal basteln.

Ich entspreche auch auf vielen anderen Gebieten nicht der Frau, die ich gern wäre. Dabei sind viele der Ansprüche, mit denen ich mich herumschlage, solche, die ich an mich selber stelle. Ich möchte gern, dass ich erfolgreich im Job bin und gleichzeitig eine liebevolle Mutter, ich will eine gute Partnerin sein und eine verruchte Liebhaberin, bombig aussehen und meinen Lieben eine gute Freundin. Ich will gut informiert sein, was in der Welt so passiert, und sozial engagiert, die Umwelt schützen und bewusst einkaufen, ich will uns ein schönes Heim schaffen, eine gute Tochter sein, ausreichend emanzipiert sein und immer ein offenes Ohr haben für die Sorgen meiner Mitmenschen, stets frisch rasierte Beine haben und das alles lächelnd und vor allem: entspannt. Das alles zu erfüllen, stresst mich wahnsinnig.

An schlechten Tagen habe ich das Kind angeraunzt, bekomme keinen ganzen Satz geschrieben, L. geht mir auf die Nerven und zu Hause sieht es aus wie Sau – ganz zu schweigen von meinen Beinen und wann hatten wir eigentlich das letzte Mal Sex? Es gibt schon wieder schnell, schnell irgendeine Fertigsauce aus dem Supermarkt, meine Mama habe ich nicht zurückgerufen, ich habe mich nicht bei Jana erkundigt, wie ihr Arzttermin gelaufen ist, ich habe keinen Sport gemacht, das Auto macht wieder diese komischen Geräusche, ich verliere den Überblick, wer auf der Welt gerade wen bebombt und habe ein schlechtes Gewissen, weil ich nichts dagegen tun kann. Und das alles nicht, weil ich gerade an meiner Rede für den Nobelpreis feile, sondern, weil ich es einfach nicht gebacken bekomme, ich Null. Ich kann ja nicht mal basteln.

Wenn ich noch ein Jahr zu leben hätte … – und inzwischen ist das gar nicht mehr lange – was wäre dann noch wichtig? Wäre ich zufrieden, wenn auf meinem Grabstein stehen würde: *War immer perfekt, hat Sport getrieben, ausgewogen gekocht und sich täglich die Beine rasiert? Oder: Hat aus Klorollen Ostereierbecher gebastelt?*

Wenn ich noch ein Jahr zu leben hätte, wäre es dann wichtig, dass das Kind KiKa schaut und Tiefkühlpizza isst? Oder dass ich »Ich zähle jetzt bis drei …« und »Wenn du nicht sofort, dann …« sage? Wäre es nicht. Es wäre wichtig, dass wir eine liebevolle Beziehung haben, dass das Kind sich mit allem vertrauensvoll an mich wendet und weiß, dass ich es liebe. Eben die wichtigen Dinge. Scheiß auf basteln.

Wenn ich noch ein Jahr zu leben habe, will ich mich nicht damit herumschlagen, ob und welchen Sport ich machen soll und ob Dingsbums schlecht für die Ernährung ist. Ich würde nicht mehr so perfekt sein wollen, sondern mich damit abfinden, dass niemand perfekt ist, nicht mal die, von denen man das denkt, und ich schon gleich dreimal nicht. Ich würde vor allem auch nicht den Anschein erwecken wollen. Es wäre mir egal, dass die Welt sieht, dass ich keine perfekte Mutter bin, keine perfekte Beziehung führe, dass ich zweifle, mich irre, mit mir hadere, unsicher bin und mich manchmal überfordert fühle und Fehler mache. Und damit fange ich gleich an, indem ich Ihnen das anvertraue.

LASST UNS FEHLER MACHEN

Seit der Zugfahrt, bei der das Kind die Fusseln aus den Sitzpolstern essen wollte, denke ich immer wieder daran, was die Art Oma gesagt hat. Dass sie nicht Fehler bereut, die sie in ihrem Leben begangen hat, sondern Fehler bereut, die sie *nicht* begangen hat. Auf den ersten Blick klingt das komisch, Fehler zu bereuen, die man nicht begangen hat. Man sollte arschfroh sein um Fehler, die man nicht begangen hat. Aber sie meinte natürlich, dass sie traurig ist, nicht alles versucht zu haben, was sie von Herzen gern wollte, selbst wenn es sich im Nachhinein als Fehler herausgestellt hätte.

»Verstehst du, was ich meine?«, frage ich Jana und die verdreht die Augen. »Ich habe gesagt, dass ich ihn anspreche, hetz mich nicht!« und meint natürlich ihren U-Bahn-Ahmet. Ungeachtet der Tragweite dieses Ereignisses gibt es aber vielleicht noch andere, lebensbewegende Dinge und eigentlich meine ich die. »Was werden wir außerdem bereuen, nicht gemacht zu haben ...?«

Jana überlegt: »Ich wäre noch mal richtig gern eine Bardame geworden. So eine Matrone hinter dem Tresen, die nichts schreckt. Ebenso aufgedonnert wie abgebrüht und immer mit einer Kippe im Mundwinkel«, sinniert sie mit einem Blick in die Ferne.

Ich bin baff – »Eine Bar? So wie L.? Vielleicht kannst du bei dem anfangen!?« Jana schüttelt den Kopf: »Nein, es müsste meins sein. Meine Bar, wild und etwas abgeschrabbelt, mit einem Podest in der Ecke, wo Musiker Jam Sessions machen und es wäre bis spät in der Nacht auf und …«, es ist erstaunlich: Jana liefert ein komplettes, vollständiges Bild, wie sie sich das Ganze vorstellt. Als hätte sie sich das schon hundert Mal durch den Kopf gehen lassen. »Ich wusste gar nichts davon …«, bin ich etwas pikiert, aber Jana winkt ab: »Das ist ja auch nur so ein Hirngespinst.« Ich überlege. »Und wenn du daran denkst, was fühlst du dann?«

»Freiheit«, sagt Jana ohne zu zögern, »Glück, und Aufregung«, sagt sie mit einem wachen Blick, der ihren normalerweise leicht zynischen Gesichtsausdruck völlig verschwinden lässt und dabei sieht sie mich an, als wäre sie selbst überrascht von dem, was sie da sagt.

»Was werden wir vielleicht einmal bereuen, nicht gemacht zu haben ...?«, frage ich auch am nächsten Abend, diesmal die Hummel. Der rührt lange in seinem Kaffee und sieht ernst drein. »Dass ich nicht genug versucht habe, dass meine Mutter versteht, wie ich bin …«

»Dass du schwul bist?«

»Ja«, nickt die Hummel traurig und ich nehme ihn in den Arm. Was ihn davon abhält, das zu versuchen, ist die Angst davor, dass die Mutter ausspricht, was Hummel befürchtet: dass sie ihn so nicht will, so nicht liebt und darum reden sie einfach nicht darüber, auch wenn das Thema im übertragenen Sinn wie ein großer brauner Haufen mitten auf dem Tisch liegt. Mit einem Spitzendeckchen darauf. »Ich würde bereuen, nicht eine eigene Wohnung genommen zu haben und nicht eine wilde Affäre nach der anderen gehabt zu haben, nur um meiner Mutter zu gefallen«, bricht es aus ihm heraus, und dann bestellen wir Wein.

»Dass ich nicht versucht habe, mal in einem anderen Land zu leben«, antwortet Dirk auf die gleiche Frage und zieht kurz darauf über alle Teilnehmer der gängigen Auswanderer-Sendungen im Fernsehen her. »Die haben es wenigstens versucht«, gibt L. zu bedenken und dann ist Dirk still. Jan vom Stammtisch würde so gern seinen Job hinschmeißen und Bergtourenführer sein und Anke träumt seit Jahren von einer Heilpraktiker-Ausbildung.

Wen auch immer ich frage nach den Dingen, die er oder sie vielleicht einmal bereut, nicht getan zu haben, es läuft eigentlich immer darauf hinaus, wie man lebt, wo man lebt, mit wem man lebt und von was man lebt. Also die wichtigsten, grundsätzlichsten Eckpfeiler im Leben. Statt uns um die zu kümmern, weil wir eine Scheißangst davor haben, denn Veränderungen sind immer mit Risiko und Angst verbunden, kümmern wir uns um all die kleinen Nebensächlichkeiten, mit denen man sich das Leben so vollstopfen kann – und wundern uns dann, dass wir nicht glücklich sind. Heruntergebrochen heißt das, die gute Ines, die ihren Mann nicht verlässt, kann sich noch ewig einreden, dass sie sich mit ihm arrangiert hat, dass es schon in Ordnung ist, wie es ist, und dass schließlich jede Liebe einmal nachlässt … Aber um endlich wieder glücklich zu sein, hilft ihr halt auch der Stapel Glücksratgeber nicht, der in ihrem Bücherregal steht, kein Yoga und kein Achtsamkeitstraining und kein Wellness-Wochenende. Noch nicht mal die tollen neuen Klamotten, die sie sich zuhauf kauft, ändern daran was, oder die buddhistischen Sinnsprüche, die sie auf Facebook teilt. Es ist leichter, sich mit den kleinen Dingen abzugeben oder sich um das Wohlbefinden von anderen zu kümmern, sich der Umwelt oder dem Schutz des Tierwohls (alles ehrenhafte Anliegen natürlich) zu widmen, als sich mit den vier großen W des eigenen Daseins herumzuschlagen:

Wie

Wo

mit Wem

und von Was

… will ich leben

An einer dieser vier Säulen zu rütteln, fällt uns wahnsinnig schwer. Sie sind wie vier Stützen, auf denen unser Leben ruht. Fängt eine an zu wanken, droht das ganze Gefüge ins Wackeln zu kommen. Wie soll man da bitte keine Angst bekommen …

Diese Angst ist ganz normal, heißt es, eine natürliche Hemmschwelle, weil unser System darauf ausgerichtet ist, die Dinge so zu belassen wie sie sind. Veränderung bedeutet immer Gefahr und Ungewissheit, also plädiert unser Ich immer auf Stillstand. Manche deuten diese hemmende Angst als Bauchgefühl und das Hirn sucht auch noch gleich die geeigneten Argumente dafür:

- Es ist schon o.k. so …
- Anders wäre es auch nicht besser …
- Es könnte viel schlimmer sein …
- Man kann nicht alles haben …
- und natürlich der Klassiker: Oh mein Gott, oh mein Gott, oh mein Gott.

Das funktioniert auch ganz gut und stellt uns ruhig – wenn nur das aufmüpfige Herz nicht wäre.

Wenn wir noch ein Jahr zu leben hätten … Dann hätten wir nicht mehr so viel Angst und würden mehr riskieren. Dann wäre es nicht *schon ok so*, und ob es *viel schlimmer* sein könnte, müsste man sehen, und auf den Spruch *Man kann nicht alles haben* würden wir antworten: Warum eigentlich nicht?

Wenn ich noch ein Jahr zu leben hätte, täte es mir um jedes Herzensprojekt leid, an das ich mich nicht hingetraut hätte, um alles, das ich nicht gemacht habe, weil ich nichts riskieren wollte.

Klingt alles ganz gut, nicht? Wie schwierig das aber im richtigen echten Leben ist, merke ich ein paar Wochen später. L. ist zum Abendessen da und wir sitzen gerade über unserer Pasta, als er beiläufig sagt: »Du weißt doch, dieses kaputte Haus, drei Straßen von der Bar entfernt? Das grün-weiß gekachelte?« Ich erinnere mich, es ist eine Bruchbude. Unten ein Lokal, darüber zwei Stockwerke, mit Grafitis beschmiert und trotzdem irgendwie glanzvoll. »Was ist damit?«, frage ich und streue noch etwas Parmesan auf die Nudeln. »Das ist zu verkaufen«, antwortet L.

»Na, das war ja auch Zeit, dass das jemand renoviert, das schöne, alte Ding«, finde ich und denke mir nichts weiter dabei, bis L. einen Schluck aus seinem Weinglas nimmt und mich ansieht. »Wolltest du nicht mal ein Bed & Breakfast eröffnen?«

BUMM-BUMM, BUMM-BUMM, da ist es wieder, das Herz. Sofort geht in meinem Hirn ein Alarm los, der Magen zieht sich zusammen und meine innere Stimme murmelt: »Oh mein Gott, oh mein Gott, oh mein Gott …«.

Kurz nach dem Schreckmoment meldet sich mein Hirn und beruhigt mich:

- Aber das ist unmöglich.
- Dafür bin ich zu alt / dafür ist es zu spät.
- Das ist zu riskant.

Ich lache erleichtert auf »Ja, das wäre toll, geht halt nicht«, aber L. sieht mich weiter ernst an. »Warum eigentlich nicht?«

»L. ist die Erfolgsgeschichte seiner Bar zu Kopf gestiegen«, so versuche ich am nächsten Tag Jana und mir zu erklären, wie L. ernsthaft in Erwägung ziehen kann, ich würde in der grün-weißen Ruine ein Bed & Breakfast aufmachen. Jana sieht aber nicht annähernd so verdattert drein, wie ich mir das denke, sondern erkundigt sich recht sachlich: »Was soll es denn kosten?« In dem Moment fällt mir auf: Das habe ich gar nicht gefragt.

»Ist da nicht unten ein kleines Lokal drin?«, fragt Jana weiter und hat wieder diesen wachen Blick.

Ich brauche ein paar Tage, bis ich bei dem Gedanken an die Ruine nicht sofort innerlich abwinke. Und in dem Moment, als ich das nicht mehr tue, sondern ganz entfernt damit liebäugele, zumindest zu fragen, was sie kostet – natürlich nur, um meine Nerven zu beruhigen und damit ich mir (und L. mir) nicht vorwerfen könnte, ich hätte nicht gefragt, denn es könnte ja das Schnäppchen des Jahrhunderts sein! – da höre ich es wieder, das Herz: BUMM-BUMM, BUMM-BUMM.

Es war dann nicht das Schnäppchen des Jahrhunderts. Noch nicht mal ein Schnapp. Aber es war eine Zahl und mit Zahlen argumentiert es sich viel besser. Also kam zu:

- Aber das ist unmöglich.

- Dafür bin ich zu alt / dafür ist es zu spät.

- Das ist zu riskant.

noch dazu:

- Es ist viel zu teuer.

Das sieht sogar L. ein. Jana nicht: »Und wenn – rein hypothetisch natürlich – ich das Ladenlokal nehmen würde? Als Bar? Und du die zwei Stockwerke? Es könnte ja auch das Café werden, wo es morgens das Breakfast gibt!« und bei *Breakfast* malt sie mit beiden Händen Gänsefüßchen in die Luft.

L. klatscht in die Hände »Bombenidee! Das ist doch perfekt!« Und dann kennen die beiden kein Halten mehr: wie alles sein könnte, wie toll es wäre, welche Musik gespielt würde und ob Holzvertäfelung eine gute Idee wäre. Als sie bei der Farbgebung der Inneneinrichtung sind, unterbreche ich: »Ihr wisst schon, dass man das Ding renovieren muss? Vermutlich fällt es in sich zusammen, sobald ihr eine Holzlatte an die Wand dübelt!« Der Punkt geht an mich, aber nur kurz, denn L. weiß inzwischen, was eine Renovierung pro Quadratmeter kostet, wie lange die Genehmigungen dauern und welche Subventionen man bei so einem alten Kobel beantragen kann. Dann sind sie wieder bei der Inneneinrichtung.

Vor den beiden rolle ich zwar mit den Augen was das Zeug hält, aber als ich später in meinem Bett liege, lasse ich ganz kurz dieses Bild zu: die Ruine, renoviert, unten eine Bar und oben die Zimmer. Sonne. Wie morgens Gäste nach unten kommen und Kaffee trinken, wie die Zimmer aussehen könnten … Und das ist so schön, dass ich gar nicht einschlafen kann.

Damit alles etwas rationaler wird, gehen wir zusammen mit einem Architekten unseres Vertrauens die Ruine ansehen »schauen kostet ja nichts« ist das schlagende Argument von L. »Vielleicht ist es gar nicht so schlimm«, muntert L. mich auf, als wir davor stehen. Aber es ist noch viel schlimmer. Es ist so schlimm, dass wir nach der Besichtigung mitsamt dem Architekten in L.'s Bar einen Brandy kippen. Um elf Uhr vormittags.

Tage später hat der Architekt Zahlen, was alles kosten würde, der Makler hat Zahlen, um wie viel der Verkäufer runtergehen würde und Jana hat ein Pinterest Album mit Bildern von coolen Bars. Derart vorbereitet gehen wir zu der Bank, bei der L. schon um Geld für die Bar gebettelt hat, denn »fragen kostet ja nichts«. Raus kommen wir mit noch viel mehr Zahlen und ich außerdem mit der Einsicht:

- Das ist unmöglich.
- Dafür bin ich zu alt / dafür ist es zu spät.
- Das ist zu riskant.
- Es ist viel zu teuer.

Die ersten drei Argumente lassen Jana und L. nicht gelten, aber die Sache mit dem teuer können sie nicht aus der Welt fuchteln. Zu dritt sitzen wir am Küchentisch und sehen uns die ganzen Zahlen und Prozente und Kreditzinsen noch mal an und fangen an, dem entgegenzusetzen, was wir haben und was noch reinkommt, und was ein Bed & Breakfast und eine Bar so einbringen würden, wen man um wie viel Geld anhauen könnte und in welchem Zeitraum man das zurückzahlen könnte und so weiter. Es ist eine lange Nacht, statt Wein gibt es Kaffee und am Ende haben wir eine Excel-Tabelle mit einem Finanz- und Businessplan sowie eine leichte Koffeinvergiftung.

Es wäre irgendwie machbar, ist die Erkenntnis – ES WÄRE MACHBAR! Wiederholt mein Herz. Oh mein Gott, oh mein Gott, oh mein Gott …

Und dann kommt mein Hirn mit dem Killerargument: Und was, wenn es nicht klappt?

»Und was, wenn es nicht klappt?«, werfe ich dann auch mitten auf den Küchentisch und es ist kurz still.

»Dann wird es ein Desaster«, sagt Jana und lässt die Hände auf die Tischplatte fallen. »Jepp«, nickt L., und sieht mich dann freundlich an: »Aber was wäre, wenn es klappt? Alex, erinnere mich doch noch mal kurz daran, um was es in deinem neuen Buch geht.« Eins zu null für L.

In dieser Nacht kann ich nicht schlafen. Zum einen habe ich mehrere Liter Kaffee intus, zum anderen muss ich an all die Dinge denken, die bis jetzt in diesem Jahr passiert sind. Ich denke an Nadja, die ihre Träume nie verwirklicht hat, und an die 90 Kästchen, die sinnbildlich für ein ganzes Leben stehen. Daran, wie mein Stiefvater lachend »Volare« gesungen hat und an den Satz von der Art Oma: »Ich frage mich, wozu die ganze Vorsicht gut war.« Was für ein schlechter Ratgeber Angst ist und wie ich irgendwann mit Jana in unseren Liegestühlen im Garten liege und wir uns vorstellen, was wohl passiert wäre, hätten wir damals den Mut gehabt, ein Bed & Breakfast und eine Bar in einer grün-weißen Ruine zu eröffnen. Ob es einer dieser Fehler wäre, die wir bereuen würden, ihn nicht gemacht zu haben.

Sie können meinen, ich sauge mir hier die abenteuerlichsten Geschichten aus den Fingern, um ein Buch voll zu bekommen, das Sie hoffentlich gekauft haben. Sie könnten auch meinen, mir läge das Thema, über das ich schreibe, nicht am Herzen, aber dem ist nicht so. Jana, die Bank und ich haben ein schrottreifes Haus aus dem Jahr 1920 gekauft. Es wird irgendwann ein wunderschönes Bed & Breakfast werden und im Erdgeschoss wird es eine Bar geben mit einer großartigen Bardame hinter dem Tresen. Sie erkennen Sie an der Kippe im Mundwinkel. Ich werde Bescheid sagen, wenn es soweit ist, auf Facebook und vermutlich auch in einem der nächsten Bücher, denn ich muss noch viele schreiben, sagt die Bank. Seit wir Ja gesagt haben zu diesem Abenteuer, machen wir uns in regelmäßigen Abständen vor Angst fast in die Hosen, aber ebenso oft platzen unsere Herzen vor Freude und das ist das beste Gefühl der Welt.

Also lasst uns all die Fehler machen, die noch ausstehen, die auf uns warten und die Sünden begehen, die wir noch nicht begangen haben. Lasst uns mutig sein und loslaufen, auch wenn wir Angst haben. Es wird wild:

ZUM SCHLUSS

Heute ist der 15. Februar, der Tag, der mein imaginärer Todestag war. Es läuft gut bis jetzt für einen Todestag, ich bin nämlich quicklebendig. So lebendig wie schon lange nicht mehr. Was als kleines Gedankenexperiment begann, hat weite Kreise gezogen. Ich muss schmunzeln, wenn ich daran denke, dass zu Beginn als erste Auswirkung das Zelebrieren des Valentinstags stand und wie weit es mich bis heute gebracht hat. Wie nahe ich manchen Menschen gekommen bin, wie viele gläserne Mauern es eingerissen hat, wie viel gute Momente ich hatte, wie frei ich mich fühle, und zu guter Letzt, wohin es mich in Zukunft bringen wird: in eine Bar und ein Bed & Breakfast in einem grünweiß gekachelten Haus. Das Leben hat sich verändert und das Beste ist: Es wird sich immer weiter verändern und ich mich mit ihm. Ich will weiter auf mein Herz hören und ihm folgen, auch wenn ihm manchmal Angst, Zweifel, Unsicherheit und andere Menschen im Weg stehen, denn es ist das einzige, was zählt. Tun Sie das auch, es lohnt sich.

Tun Sie alles.

Tun Sie alles, was Sie aus verletztem Stolz oder aus Stolz nicht tun, alles, was Sie nicht tun, weil es Ihnen peinlich ist oder weil Sie Angst davor haben, verletzt zu werden. Sagen Sie, was Sie nie gesagt haben, aus Scham oder aus Angst vor Verletzung oder weil es eine Konfrontation auslösen könnte. Vervollständigen Sie den Satz:

Ich traue mich endlich ....
.....................................!

Und den Satz:

Ich will endlich nicht mehr ....
.....................................!

Akzeptieren Sie als Grund für eine Entscheidung nur, was das Herz Ihnen sagt und keinen anderen, und erfüllen Sie nicht die Erwartungen der anderen, erwarten Sie aber auch nicht, dass die Ihre Erwartungen erfüllen. Schreiben Sie Sätze auf, die Sie in der Kindheit immer gehört haben, die Veränderung verhindern:

- Jetzt warte erst mal ab.

- Das kannst du immer noch machen.

- Und was, wenn .... nicht funktioniert?

Und lassen Sie sich von denen nicht Ihre Herzenswünsche versauen. Bringen Sie die Dinge zu einem guten Ende und lassen Sie die Menschen weg, die nicht Ihr Herz erwärmen. Gestehen Sie sich Ihre geheimen Wünsche ein und machen Sie all die Fehler, die auf Sie warten. Klären Sie die wichtigen Dinge: Wie, Wo, mit Wem und von Was … wollen Sie leben. Tun Sie das alles, aus dem einfachen Grund, weil wir nicht sehr viel Zeit auf dieser Welt haben, das Leben ist so kurz. Zu kurz für *später*.

Und wenn dabei Ihre Welt in Stücke fliegt: nur Mut. Der Vogel Phönix stand aus der Asche auf, nicht aus einem Haufen lauer Kompromisse.

Den Valentinstag haben wir übrigens nicht gefeiert – ich finde ihn immer noch doof. Wir feiern heute Abend stattdessen das Leben, die Zukunft, und das vergangene, aufregende Jahr. Nicht zu zweit, sondern mit allen, die in diesem Buch dabei waren, und zwar in der neuen Wohnung von L. *Er hat sie echt total schön hergerichtet, diese Butze*, denke ich, als es wieder klingelt. Ich mache die Tür auf und davor steht Jana. »Hi«, sagt sie und so beiläufig wie sie nur kann, deutet sie auf den Mann neben sich. »Das ist Ahmet.«

ENDE

NACHWORT

Mit ziemlicher Sicherheit unterscheiden sich die Dinge, die Ihr Herz will, von den meinen. Ebenso sicher ist aber, dass es auch genau weiß, was es will. Vielleicht sind auch Sie zu sehr daran gewöhnt, es nicht zu hören, weil Sie es lange nicht mehr vernommen haben. Vielleicht sind Sie damit beschäftigt, die Ziele zu erreichen, die Sie sich gesetzt haben: Beruf, Partner, eine Familie, ein Heim, und machen aus Versehen daraus einen Ersatz für das Fühlen des Lebens. Ein Tipp: Wenn Ihnen ein Kunstwerk, ein Film, ein Song oder ein Zitat besonders unter die Haut geht, dann überlegen Sie, um was es im Grunde dabei geht. Wenn es Ihnen so besonders gut gefällt, dann lohnt es sich, genauer hinzusehen, denn dann hat es oft mit etwas zu tun, das Ihr Herz will.

Irgendwann meldet es sich immer. Hören Sie hin – und tun Sie alles, was es Ihnen sagt. Ich kann es nur empfehlen.

ÜBER DIE AUTORIN

Alexandra Reinwarth ist Bestseller-Autorin und hat neben der erfolgreichen Reihe *Was ich an dir liebe* schon viele andere Bücher für die Verlage riva und mvg geschrieben. Dazu gehört auch der aktuelle *Spiegel*-Bestseller *Am Arsch vorbei geht auch ein Weg.*

Sie lebt mit ihrer Familie in Valencia, wo sie als Produzentin und Autorin tätig ist.

192 Seiten
Preis 16,99 € [D] | 17,50 € [A]
ISBN 978-3-7474-0218-4

Alexandra Reinwarth

AM ARSCH VORBEI GEHT AUCH EIN WEG - JETZT ERST RECHT

Entspannt bleiben trotz Vollspackos und anderer Widrigkeiten. Die Fortsetzung des Weltbestsellers.

Das Leben ist schier voll von Dingen, die man sich am Arsch vorbei gehen lassen sollte. „Das Leben ist schöner, wenn man den Mist weglässt!" stellte Alexandra Reinwarth irgendwann fest und lässt sich seither jede Menge Dinge, Leute und Umstände am Arsch vorbei gehen. Ihr Alltag ist dadurch deutlich entspannter geworden: weniger schlechtes Gewissen, weniger Idioten und weniger Ärger. Und dennoch stoßt sie immer wieder auf Situationen, in denen es gar nicht so einfach ist, entspannt zu bleiben. Doch auch hierfür findet sie eine Lösung:

Alexandra Reinwarth nimmt uns wieder mit in ihre Welt und zeigt in gewohnter Leichtigkeit, wie man es schafft, all das, was man nicht tun will, und all jene, die man nicht mag, hinter sich zu lassen und dauerhaft zu entspannen – jetzt erst recht!

mvgverlag